AF354387

Oskar Panizza

Genie und Wahnsinn

e-artnow 2018

Alfred Adler
Praxis und Theorie der Individualpsychologie: Zur Einführung in die Psychotherapie für Ärzte, Psychologen und Lehrer

Sigmund Freud
Zur Psychopathologie des Alltagslebens - Über Vergessen, Versprechen, Vergreifen, Aberglaube und Irrtum

Sigmund Freud
Das Unheimliche

Oskar Panizza
Die kriminelle Psychose (Psichopatia criminalis)

Sigmund Freud, Josef Breuer
Studien über Hysterie

Oskar Panizza

Genie und Wahnsinn

e-artnow, 2018
Kontakt: info@e-artnow.org
ISBN 978-80-273-1548-2

Inhaltsverzeichnis

Genie und Wahnsinn

Verehrte Anwesende! Die Pathologie der Seele behauptet gegenwärtig, wie Sie alle wissen, eine hervorragende Stelle in der dramatischen wie erzählenden Literatur. Ich brauche Sie nur an die am letzten öffentlichen Abend hier zum Vortrag gekommene Novelle »Der Muttermörder« von *Ola Hansson* zu erinnern, oder den Namen *Ibsen* zu nennen. Der Hauptsatz, der durch all' diese Literatur-Erzeugnisse geht, ist, der Mensch *muß* so handeln, wie er handelt, auf Grund seiner Vererbung, oder, wenn diese Vererbung eine ungünstige ist, auf Grund seiner Belastung. Die Entdeckung und Ausnützung dieses Satzes war für die Belletristik ein Ereignis allerersten Ranges. Schon das enorme Strafmaterial gab auf Jahre hinaus Stoff für Beschäftigung. – Doch darf nicht vergessen werden, daß die Behauptung von dem Handelnmüssen des Menschen, die heute in der Gesellschaft eine brennende geworden, in Gerichtssälen und Irren-Anstalten längst entschieden und sozusagen zur Ruhe gekommen ist. Schon Anfangs der siebziger Jahre hat *Benedict*, – um von *Gall* nicht zu reden, – in seinen »Verbrecher-Gehirne« nicht nur die Meinung ausgesprochen, sondern den Beweis gewagt, daß krankhafte Handlungen auf Grund eines pathologisch veränderten Organs bestehen können, und damit »eine bis über ferne Zonen und Zeiten ausgehende Bewegung« prophezeit. Heute weiß jeder Richter, daß Menschen, besonders Verbrecher, unter Umständen Zwangshandlungen begehen; und kein Schuldig! dürfte heute gesprochen werden, ohne daß der psychiatrische Sachverständige reichlich zu Rathe gezogen. – Hier sind also Juristen und Aerzte einmal der divinatorischen Begabung der Dichter zuvorgekommen. Dieß hindert nicht, daß jetzt, wo die gebildeten Massen von diesem interessanten Problem ergriffen sind, eine nochmalige Durchseiung aller einschlägigen Fragen, stattfinden wird. Und jedenfalls mit großem Nutzen.

Bei dieser Sachlage werden Sie es vielleicht nicht ungünstig aufnehmen, wenn wir heute Abend eine andere Menschen-Classe zum Gegenstand einer Besprechung machen wollen, von der ebenfalls von jeher behauptet worden, daß sie bei Hervorbringung ihrer Werke unter dem höheren Zwang eines Müssens stehn; womit sie natürlich, ebensogut wie der Verbrecher, in das Bereich des Krankseins kamen; und da es sich hier um seelische Vorgänge handelt, in das Bereich der Seelenkrankheit, des Wahnsinns, – nämlich die *Genies.* Das Genie also, die Art seiner seelischen Verfassung und seine Verwandtschaft zu den Seelen-Erkrankungen, soll uns heute Abend beschäftigen.

Unter Genie hat man zu verschiedenen Zeiten recht Verschiedenes verstanden. Im letzten Drittel des vorigen Jahrhunderts gab es eine Zeit der sog. Kraftgenialität, oder der Ur-Genies. Jeder, der mit einiger Keckheit die neuen Forderungen des damaligen Menschheits-Ideals sich zu eigen machte, und mit einer gewissen Verve vortrug, wurde Genie genannt. In Julian *Schmidt's* Geschichte des geistigen Lebens in Deutschland findet sich u.a. auf die damalige Zeit angewendet, der Satz: »Eine Reihe munterer Gesellen oder Genies schlossen sich in Frankfurt an den Dichter des »Götz« an....«. Aehnlich wie später zur Zeit *Vogt's* und *Büchner's* jeder junge Mann, der das Bedürfnis fühlte, sich über die Massen zu erheben, damit anfing, sich als »Freigeist« zu erklären, so war damals das emancipirende Wort für die Vorwärts-Strebenden: Genie. Und ich glaube es war *Herder,* der sich einmal diese bedenkliche Kameradschaft mit den Worten vom Leibe hielt: »Wer mich ein Genie nennt, dem gebe ich eine Ohrfeige.« –

Inzwischen hat die Psychologie den Begriff des Genialen ziemlich eingeengt. Schon immer war man darüber einig, daß die geniale Hervorbringung eine spontane Thätigkeit der Phantasie, des Anschauungsvermögens sei, im Gegensatz zum Intellekt; und da man Anschauungsvermögen im vorigen Jahrhundert zu den sogenannten »unteren Seelenkräften« rechnete, so definirte folgerichtig schon *Adelung* Genie als »eine vorzügliche Entwickelung der unteren Seelenkräfte.« (»Ueber den deutschen Stil« 1785). *Kant* sagt, das eigentliche Feld für das Genie ist die Einbildungskraft, weil diese allein schöpferisch (»Anthropologie«). Sehr eingehend spricht sich *Schopenhauer* über das Genie aus. Er sagt: Die eigentliche Arbeit des Genies geschieht ganz spontan; das innere Erfassen eines Kunstwerks von Seite des Genies ist unabhängig vom Willen; diesem sogar entgegengesetzt; also kein Akt der Willkür; sondern außer unserem Belieben; es ist eine starke Erregung der anschauenden Gehirnthätigkeit; das Talent erfaßt seinen Stoff mit freier Willensthätigkeit; es denkt sicherer, rascher und richtiger als die Andern; das Genie hingegen schaut in eine andere Welt als sie Alle. (»Welt als Wille und Vorstellung«). Jürgen *Mayer* sagt: das Talent kennt sich selbst; es weiß, warum es zu einer bestimmten Ansicht kommt; das Genie wird sich nie darüber klar; es folgt einem unwiderstehlichen Impuls; nichts Unberechenbareres und Willkürlicheres als eine geniale Idee! (»Genie und Talent«). *Maudsley* und Eduard von *Hartmann* glauben, daß die geniale Conception zunächst unbewußt erfolgt und dann plötzlich vor das erstaunte Auge ihres Besitzers tritt. (»Physiology and Pathology of the Mind.« – »Philosophie des Unbewußten«). *Jean Paul* vergleicht den Moment der Eingebung direkt mit dem somnambülen Zustand. (»Vorschule der Aesthetik«). Und *Humboldt* sagt: »In dem einzigen Moment, da die Phantasie des Künstlers das Bild in sich geboren, ist das Meisterwerk vollendet, selbst wenn seine Hand in diesem Augenblick erstarrte. Die wirkliche Darstellung ist nur ein Nachhall jenes entscheidenden Moments.« – Aus all diesen Aeußerungen sehen Sie, daß das Eintreten des genialen Augenblicks als etwas Neues, Plötzliches und Fremdartiges aufgefaßt wird, und als etwas vom gewöhnlichen Denken grundsätzlich Verschiedenes. Der geniale Einfall ist ein freiwillig geleistetes Geschenk der betreffenden Geistesanlage, an ihren eigenen Besitzer, unvermittelt, unerwartet, zufällig, wie von außen kommend, so daß der Betreffende selbst überrascht ist. Schon der alte Ausdruck Inspiration vom lateinischen inspirare, einhauchen, deutet an, daß Genies früherer Zeiten ihre Ideen als etwas von außen an sie Kommendes ansahen. Bei allen alten Völkern galt die Dichtkunst als eine Eingebung der Gottheit. Und nicht zufällig ist es, daß der Ausdruck *Genius* sowohl ein Genie, als einen geflügelten Abgesandten aus dem Jenseits bedeutet. Auch später, als die Verbindung der Dichtkunst mit einem sie verleihenden göttlichen Wesen mehr weniger fallen gelassen wurde, nannten sich die ältesten Dichter des Abendlandes, die Provencalen, Trovatore, Troubadour, vom ital. Trovare, finden, also Finder. Der Begriff finden deutet wiederum an, daß der Gegenstand außerhalb ihres Geistes liegt. – In unseren Tagen haben sich Psychologie und Philosophie im Allgemeinen dahin geeinigt, daß man sagt: der geniale Einfall wird durch Intuition, durch das geistige Anschauungsvermögen, geboren, und ist eine freiwillige, unberechenbare Leistung der betreffenden Geistes-Anlage; während das Talent mehr deductiv arbeitet, durch bewußte Zielrichtung zu seinen Ideen kommt, und seinen Erfolg seinem Fleiß und seiner Anstrengung verdankt. Seit wir wissen, daß ein Teil unserer Vorstellungen unbewußt ablaufen kann, ist der plötzliche Einbruch des genialen Einfalls leichter zu erklären: Nach einer Reihe unbewußter Vorstellungs-Akte tritt mit einemmal der geniale Gedanke bewußt zur Erscheinung, und der Betreffende ist über die Herkunft selbst im Zweifel und nennt es Einfall; das Wort Einfall, von außen hereinfallen, verlegt ja auch die Quelle des Ereignisses nach außen. Dieß ist die eine Erklärungsmethode. Oder es handelt sich beim Genie um das, was man Doppelpersönlichkeit nennt: Unter geringerem oder größerem Einschlafen des Bewußtseins, des Willens, tritt die Einbildungskraft, ähnlich wie im Traum, in volle Wirksamkeit. Und die genialen Einfälle kommen dann mit der Fremdartigkeit von Traumbildern heran. Aber mit dem Unterschied, daß, während der Träumende machtlos ist, das Genie seine traumartig einfallenden Regungen kritisiren, und mit dem Willen ordnen kann. Hier trifft Jean *Paul's* Vergleich des genialen Menschen im Moment der Inspiration mit einem Somnambulen, vollständig zu. Eine große Anzahl bedeutender Männer scheinen nach ihren Biographien zu bestimmten Zeiten wie Schlafwandelnde gehandelt zu haben. Von *Beethoven* ist es bekannt, daß er auf seinen Spaziergängen durch Wien oft plötzlich auf der Straße stehen blieb; oft mitten auf dem Fahrdamm; aus seinem ganzen Aeußeren sah man, daß er unter dem Eindruck einer starken inneren Erregung stand; seine Augen glänzten, und gingen, wie bei einem Menschen, der von einem starken Affekt beherrscht wird, irrlichterirend hin und her; er sah dann gar nichts, was sich um ihn ereignete; hörte keine Rufe, auszuweichen u. dergl; wohl aber zog er gelegentlich Papier und Bleistift hervor, die er stets zu diesem Zwecke bei sich trug, machte einige Noten-Notizen, und setzte dann, ruhig und wieder normal geworden, seinen Weg fort. – Also das autochthone Auftreten eines Phantasiebildes oder eines Gedankens ist Bedingung für geniale Begabung. Versuchen wir an einem Beispiel hier in diesem Saal das zu illustriren, was wir im Auge haben: Nehmen Sie an, hier in diesem Saale nähmen Temperatur und Hitze-Grade plötzlich in gefahrdrohender Weise überhand; durch irgend ein elementares Ereignis, wie Platzen eines Heiz-Rohres, nähme die Athmosphäre innerhalb kurzer Zeit einen Charakter an, ähnlich wie in jenem »schwarzen Loch« in Calcutta, wo bei dem großen indischen Aufstande mehrere hundert englische Männer und Frauen von den Aufständischen eingeschlossen in einem engen Raum nur durch den Abschluß der äußeren Luft erstickten; lassen Sie mich auch die Bedingungen in soweit construiren, daß als einziger Ausgang jene große Mittelthüre existirte, die aber, nach innen aufgehend, durch die hinausdrängende Menschenmenge blockirt, nicht geöffnet werden könnte; und nehmen Sie an, im Moment der höchsten Gefahr, nähme Jemand sein Bierkrügl und würfe damit eine jener großen, hochgelegenen, bis an die Saaldecke reichenden Glasscheiben ein, und rettet so, mit dem Eindringen der frischen Außenluft, die Situation, – so wäre das ein genialer Einfall; unter der Bedingung, daß dieser Wurf nicht das Resultat einer in der allgemeinen Verwirrung unmöglichen Discussion, sondern, daß der Betreffende das Bild des gegen die Fensterscheibe fliegenden Krügls, das Splittern der getroffenen Scheibe, das wirbelnde Hereinstürzen der kalten Luft, die starrenden Splitter rings um die entstandene Oeffnung in rascher Reihenfolge vor seinem inneren Aug vorüberziehen sähe, und, wie von einem plötzlichen Impuls gepackt, das Gesehene ausführte. – Nehmen Sie dagegen an, der Wirt, oder sonst Jemand, der mit den Verhältnissen vertraut wäre, ginge in der Absicht, die Menge von der blockirten Mittelthür wegzulocken, auf eine kleine Nebenthür los, die, der Bedingung gemäß verschlossen sein müßte, aber mit dem Ruf: Hier ist ein Ausgang! und brächte durch diese Finte die Leute von der Mittelthür weg, die nun geöffnet werden könnte, so wäre das mehr das Vorgehen eines schlauen, Geistesgegenwart besitzenden, talentirten Kopfes. Das Talent weiß von Haus aus, was es will und sucht nach Mitteln; das Genie weiß außer einer beängstigenden Stimmung nicht, was es will, sieht aber plötzlich die Lösung in einem fertigen Bilde vor sich. – Die aus Zeus' Haupt gewappnet hervorspringende Pallas Athene, mit Schild und Speer, bereit zum Kampf, ist ein glückliches Symbol für das Eintreffen der genialen Idee. Und *Archimedes*, der plötzlich von der Lösung eines mathemathischen Problems überrascht, aus dem Bad, springt und unbekleidet mit dem Ruf Heureka! Ich hab's gefunden! durch die Straßen Syrakus' eilt, ist ein glückliches Urbild für die spontane Leistung eines genialen Kopfes. – Die geniale Begabung ist, nach der psychologischen Definition, die wir oben gegeben haben, natürlich nicht auf Jene beschränkt, die wir in bewunderndem Sinn, gern allein Genie nennen möchten: auf große Dichter, Künstler, Gelehrte und dergl. Jeder, jede Sparte, jedes Geschlecht kann von dem genialen Funken durchzittert werden: Im vorigen Jahrhundert wurde die Bank von England auf eine unerhörte und höchst merkwürdige Weise bestohlen. Dieses festeste und sicherste Gebäude der Erde, welches ohne Fenster, nur ein großes Mauerquadrat darstellt, glückte einem findigen Kopfe, dadurch anzugreifen, daß er einige hundert Schritt entfernt ein unscheinbares Haus kaufte, und von dem Keller aus, mit monatelanger Arbeit einen Tunnel grub bis unter das Niveau des Bankgebäudes. In einer Nacht nahm er dann die letzte Schicht weg, und beraubte das Institut um einen ansehnlichen Betrag. – Oder nehmen Sie Meyer Anselm *Rothschild*, der Begründer des Vermögens dieses großen Geldhauses, der nach der Schlacht von Waterloo sich mit Lebensgefahr auf einem Schifferboot über den Kanal rudern läßt, in London die tiefgesunkenen Papiere aufkauft, um nach Eintreffen der Siegesnachricht die ungeheure Differenz einzuziehen! – Und halten Sie damit zusammen jene andere phantastische Reise, die *Swift* seinen Capitän zu den Liliputanern machen läßt, so dürfte es zweifelhaft sein, welcher dieser drei Operationen der Preis höchster Originalität zukommt. Was weiß die Natur von unsern Schemas und meskinen Einteilungen!? Was weiß sie von unserem Unterscheiden von nützlichen und schädlichen Genies!? Was kümmert es sie, daß wir heute die Schläfe eines Dichters bekränzen, und morgen einem Verbrecher den Kopf abschlagen!? Sie nährt Rose und Schierling mit gleicher Liebe an ihrem Busen. Sie wirft heute Diesem, morgen Jenem den zündenden Funken eines genialen Impulses in die Brust. – Doch bleiben wir bei den Rosen, und bei den angenehm duftenden Blüten der Menschheit!

Die Entscheidung darüber, was genial und was nicht, hat natürlich nicht der Betreffende, nicht der Künstler, sondern der Beschauer des Kunstwerks. Ein gewisser Instinkt sagt uns in vielen Fällen, daß der Künstler nur einen einzigen, plötzlichen Griff in seine Phantasie tat, daß das Kunstwerk, namentlich die erste Skizze, nur eine Momentaufnahme einer glücklichen Constellation seines Seelenlebens gab. Nehmen Sie z.B. einen Gabriel *Max*. Wer nur einigermaßen geübt ist im Beschauen und Beurteilen von Werken der darstellenden Kunst, wird zu dem Schluß kommen, daß, was *Max* oft in seinen Bildern bietet, nur die Augenblickserschütterung seines Gemütes war. Aehnliches gilt von den z.Z. ausgestellten Werken Klinger's. Diese Dinge sind zum Teil zu absonderlich, um längere Zeit in der Seele eines Künstlers zu wohnen. Nehmen Sie dagegen Werke, wie die eines *Vautier*, oder eines *Menzel*. Hier haben wir mehr den Eindruck, daß der Vorwurf zuerst mit dem Verstand erfaßt, dann mit Liebe ausgeheckt, ergrübelt, gepflegt, durch nachgehendes Naturstudium gefördert und endlich mit unermüdlichem Fleiß ausgeführt worden. Dort war mehr unser Gemüt erschüttert. Hier ist es unser Verstand, der den Zoll der Bewunderung rückhaltslos entrichtet. Jene waren mehr Poeten, denen der Zufall den Stift oder den Pinsel in die Hand gedrückt; der Quell ihres Schaffens liegt weit hinter ihrem Auge; ist das Resultat einer bestimmten Seelen-Anlage; und der Impuls, die Explosion ist oft so heftig, daß die Hand nicht nachkommen kann; und lieber wird die Form vernachlässigt, als ein Teil der Vision preisgegeben. – Diese dagegen sind die eigentlichen Künstler; in ihrem Auge, das sie nur zum Stift befähigte, liegt der Schwerpunkt ihres Schaffens; ihr Gemüt darf nichts mitsprechen beim künstlerischen Hervorbringen und scheint arm zu sein; um so reicher ist ihr unerschöpfbarer Fond an Naturbeobachtung; der Vorwurf ist oft klein und nebensächlich; die Form ist bis in's kleinste Detail und meisterhaft ausgearbeitet. – Ich habe hier mit Absicht nur erste Namen genannt, um gleich den Irrtum zu zerstreuen, als wäre Ingenium mehr als Talent, oder ersteres gar eine Steigerung des letzteren. Genie und Talent sind nicht graduell verschieden. Es sind zwei verschiedene Species, die nichts mit einander zu thun haben. Sie sind verschieden wie zwei Waffengattungen. So wenig man sagen kann, Artillerie ist mehr als Infanterie, so wenig darf man sagen, Genie ist mehr als Talent. Jede dieser geistigen Kampfesmethoden operirt für sich. Wer jeweilig der glücklichere ist, und den Sieg erringt, hängt von den Umständen ab. Das Genie kommt schwer, oft nie zur Anerkennung; das Talent findet leichtere Aufnahme. Nehmen Sie beispielsweise den belgischen Maler *Wiertz*, dessen unverkäufliche Werke zuletzt in einem eigenen Museum in Brüssel vereinigt wurden, wo sie heute noch eine große Sehenswürdigkeit bilden. Hier ist zweifellos ein Ingenium. Aber die Art der Darstellung, ebenso wie die Wahl der Stoffe, ist so ungeheuerlich, so absurd und fernabliegend, daß die Welt sie nicht goutirt hat. Oder nehmen Sie Jean *Paul*. Hier haben wir einen bis zur Verrücktheit originellen Künstler. Zu seiner Zeit mit Anerkennung überschüttet, und *Goethen* und *Schillern* gleichgestellt, ist er heute fast ungenießbar, und, wie es scheint, für die große Volksmasse definitiv verloren. Oder nehmen Sie *Rabelais*; einen originellen Kopf, wenn es je einen gegeben hat; aber heimisch ist er in Frankreich nie geworden; und jeder Versuch ihn dem Publikum nahe zu bringen ist ebenso mißlungen, wie, ihn in die Literaturgeschichte einzuschlichten; er steht einsam und verlassen. – Bei dieser Gelegenheit werden Sie es mir gewiß erlauben, einige Worte über unser großes Dioscuren-Paar *Goethe* und *Schiller* zu sagen: *Schiller* und *Goethe* in einem Athemzug kurzweg als »Genies« zu bezeichnen, halte ich für einen Schlendrian im Denken wie im Reden. Wenn Einer von ihnen ein Genie war, dann war es der Andere gewiß nicht. Denn eine so grundlegende, bis zur Wurzel gehende Verschiedenheit, wie diese zwei Geistesgrößen, ist wohl kaum denkbar. Es ist eine Armut der Sprache, zwei solche Menschen unter einen Begriff subsumiren zu müssen. Wenn aber Einer von Beiden ein Genie war, dann war es gewiß *Schiller*. Dieser junge Mensch mit seinem mageren Gesicht, dem kecken fast rücksichtslosen Profil, den eingefallenen Wangen, dem fliegenden Athem, und jenem fabelhaften geistigen Elan, wie ihn so viele Lungenkranke aufweisen, war, wenn irgend Jemand, ein Ingenium bis zur letzten Haarzwiebel. Ich appellire an Ihre Empfindung beim Lesen der »Räuber«. Ein kühneres Werk hat vielleicht keine Literatur der Welt zu verzeichnen. Nur ein Jüngling, dessen Geist in Flammen war, konnte so Etwas concipiren. In diesem Jugendwerk finden Sie Stellen, die an eine Türe anklopfen, an die gewöhnliche Menschen, auch Talente, selbst Goethe, nie hinkommen. – Nehmen Sie dagegen *Goethe's* »Werther«; ein Werk, das gewiß, ich will nicht sagen geeignet, aber werth ist, an den »Räubern« gemessen zu werden. Wer wollte zweifeln, daß die Tragik der Empfindung uns Thränen auspreßt? Daß wir erschüttert und gereinigt von dannen gehen? Aber schließlich sind es doch nur irdische Verhältnisse. Es ist eine Liebesaffaire, wie sie wo anders auch vorkommt. Nur mit ungeheurer Meisterschaft vorgeführt. Der zeitgenössische Kritiker *La Harpe* sagte damals, als die Franzosen den großen Erfolg des »Werther« in Deutschland nicht begreifen konnten: Es sei natürlich, eine gut erzählte Liebesgeschichte sei in dem betreffenden Land ihrer tiefen Wirkung auf die Gemüter immer gewiß; Aehnliches hätten sie bei sich zu Hause auch; z.B. Manon Lescant. – Gut! Aber eben die »Räuber« hatten die Franzosen nicht. Hier handelt es sich nicht um glücklich dargestellte Typen aus dem Volk, wie im »Werther«. Sondern Franz wie Karl und Amalie sind fast zur Unmöglichkeit hinaufgeschraubte Figuren. Der transcendentale Gehalt der »Räuber« geht weit über sein irdisches Interesse hinaus. Schiller's hyperideales Bedürfnis durchbrach alle Schranken, und schuf sich Personen, die aus Himmel und Hölle gerissen zu sein scheinen. Und das gibt uns den Maaßstab, Schiller's Jugendwerk als genial zu bezeichnen. – Ich berufe mich bei diesen Ausführungen nicht auf Aesthetiker oder Literaturhistoriker, sondern ich berufe mich auf den künstlerischen Instinkt der Massen. Die große Volksmasse wird immer demjenigen am lautesten zujubeln, der sie in einem angeschauten Kunstwerke am weitesten über das Niveau ihrer täglichen Beschäftigung hinausbringt. Ein Reiter, der im Cirkus über die Hälfte der Manege hinweg auf ein anderes Pferd setzt, und dies mit Gefahr von Hals- und Beinbrechen thut, gilt bei der breiten Volksmasse immer am meisten. Ein correcter Schulreiter, der nach allen Regeln der Kunst die Bahn ummißt, interessirt sie weniger. Das ist mehr für den Kenner. – Nun, *Schiller* war in den Augen des Volkes immer ein solch' waghalsiger Reiter, der den Sturz nicht fürchtet. Und das deutsche Volk sieht sich in seinem genialen Wagemut in *Schiller* geradezu verkörpert. Ihn hat es in erster Linie als Genie bezeichnet. Denn keckes Vorwärtsstürmen steht ihm doch näher als Sentimentalität, und wäre sie in den Mantel höchster künstlerischer Meisterschaft gekleidet. – Wir werden uns hüten das Urteil des bekannten, amerikanischen Schriftsteller's *Cooper* uns zu eigen zu machen, der meinte: in jedem ästhetischen Thee-Cirkel konnte unter Umständen ein geistreicher Mann wie *Goethe* entstehen; aber nur ein Gott konnte die Seele *Schiller's* erschaffen. Aber die entschiedene Inanspruchnahme *Schiller's* als Genie, tritt in diesem Urteil des germanisch empfindenden Amerikaners deutlich hervor. – Und noch zu einer anderen Bemerkung möchte ich hier um Ihr geneigtes Ohr bitten: Es gibt eine große Breite in der menschlichen Gesellschaft, die auf Alles, was nach Genie riecht, entschieden ungünstig zu sprechen ist. Alles, was sich im weitesten Sinne conservativ nennt, oder in einer glücklich errungenen Stellung die Ruhe liebt, will sich um keinen Preis durch das freche Anklopfen eines kühnen Neuerers aus dem Geleise bringen lassen. Für solche war und ist ein Stück wie Schiller's »Räuber« ein Gräuel. Während die künstlerische Vornehmheit eines *Goethe*, die zu Nichts verpflichtet, ihnen als das Höchste in der Kunst erscheint. – Nehmen Sie unsere heutigen Verhältnisse: Viele wollen von *Ibsen* nichts wissen, weil er sie aus ihrem täglichen Geleise bringt. Ein Kaufmann, der mit Frau und Tochter Abends in's Theater geht, will eine hübsche Emotion haben; aber nach Fallen des Vorhangs will er zu Abendessen, zu Ruhe und Ordnung zurückkehren. *Ibsen* aber verfolgt die Leute bis in ihre Wohnung, bis unter die Dachkammer, bis in's Comptoir, einen Teil der Woche hindurch. Das will ein solider Mann nicht. Er kennt die Kunst nur von der Seite des Genusses. Aber *Ibsen* thut weh! – Diesen Widerpart gegen das Genie dürfen wir nicht vergessen, wenn wir begreifen wollen, wie Leute wie *Boecklin, Klinger, Nietzsche* in Deutschland, *Poe* in Amerika, *Byron* in England, einfach sich nicht bis zur Oberfläche durchringen konnten. – Die ungeheure Größe, die Goethe heute erreicht hat, hat er vorzugsweise durch die Gelehrten erreicht, die natürlich alle conservativ sind, und deren Angesicht peremptorisch nach rückwärts gerichtet ist; während, was *Schiller* uns bis heute geworden, er fast nur durch die Volksguust geworden ist. Ueber »Tasso« und »Iphigenie« ist gewiß hundert mal mehr geschrieben worden, als über »Kabale und Liebe«. Aber lassen Sie »Kabale und Liebe« im Theater aufführen, und jedes Herz erzittert im Zuschauerraum bis unter den Kronleuchter hinauf. – Ich möchte Goethe nichts von seiner Bedeutung nehmen. Und kein Gedanke wäre mir untröstlicher, als wenn Sie die Empfindung von hier hinwegnähmen, ich hätte Goethe herabwürdigen wollen. Aber *Schiller*, dieser hagere Phthisiker, diese abgehärmte Heldengestalt mit dem plötzlich entstehenden Wangenrot, dem gleich darauf tödtliche Blässe folgt, scheint nun einmal der Inbegriff jener verblutenden Sehnsucht geworden zu sein, die nach dem höchsten Kranze greift, während ihr der Todeskeim schon in der Brust sitzt, wie sie dem Deutschen zu eigen ist, und wie sie in Ernst *Schulze*, dem Sänger der »Bezauberten Rose« einen anderen Ausdruck gefunden. Während der robuste gesunde *Goethe* mit seinen sensuellen Neigungen und gelegentlich lüsternen Feinheiten nun einmal eine gewisse, akademische Würde und steife Vornehmheit nicht abstreifen kann. Und diese ist dem deutschen Volke fremd. –

Ich möchte Ihnen gern, wenn es Sie nicht zu lange aufhält, noch einige Beispiele vorführen, die den Unterschied zwischen Genie und Talent recht deutlich beleuchten sollen. Beschränken wir uns einmal auf das Gebiet der *Zeichner* und *Illustratoren*. Zunächst einige ältere. Keinem Menschen glaube ich würde es einfallen, z. *B. Chodowiecki* als Genie ansprechen zu wollen. Hier steht der sorgfältige Naturbeobachter und fleißige Künstler zu sehr im Vordergrund. Anders steht es mit *Hogarth*, der entschieden geniale Momente besitzt, und in der Häufung allegorischer Anspielungen oft auf einem einzigen Blatt uns auf Gedanken bringt, die nur ein ursprünglicher, origineller Kopf so arrangiren konnte, und die mit Naturbeobachtung zunächst gar nichts zu thun haben. Ich erinnere Sie an jenes kostbare Blatt in der Kirche, wo jeder Zuhörer, vom Prediger herab bis zum Krüppel an der Kirchentüre, seine eigenen Gedanken plötzlich als Action dargestellt, verjüngt in schrecklicher Wahrheit auf dem Betpult vor sich aufgestellt sieht. Das ist zunächst gar keine Naturbeobachtung. Denn das kommt in der Natur nicht vor. Das ist weit mehr der seelische Drang des Künstlers der unsichtbaren Wahrheit im tiefsten Grunde des menschlichen Herzens nachzugehen, und sie um jeden Preis, und mit den gerade parat liegenden Mitteln, an's Tageslicht zu ziehen. – Wer nur die Natur nachzuahmen und wiederzugeben versteht, ohne Eigenes hinzuzuthun, mag erfreuen, mag Befriedigung darin finden, und von anderen geschätzt werden, – Genie wird ihn Niemand nennen.

Wenn ich aus der Reihe der Romantiker und jener Gruppe, die aus den »Nazarenern« hervorgegangen sind, einige Namen nennen darf, so ist es vielleicht *Rethel*, der Componist des »Totentanzes«, der in uns den stärksten jener Eindrücke erwirkt, den wir mit »genial« bezeichnen; während *Führich, Veit, Schnorr* v. *Carolsfeld, Genelli, Preller*, wohl mehr auf der andern Seite liegen dürften; *Schwindt* erweckt wieder ein Echo in uns, das ihn weit eher mit *Rethel* verwandt erscheinen läßt, als mit irgend einem der Genannten. Beim großen *Cornelius* überrascht uns oft eine erschreckliche Verstandeskälte. Und bei *Kaulbach* ist es wieder jene große Dosis Sarkasmus, die uns nur mit Vorsicht uns ihm anvertrauen läßt. – Soll ich aus neuester Zeit noch ein paar Namen hinzufügen, so möchte ich am liebsten auf jenen eigentümlichen Gegensatz hinweisen, wie ihn zwei Zeichner aus dem auch bei uns viel gelesenen »Journal amusant« darbieten, auf jene beiden, die mit ihrem nom de guerre *Stop* und *Mars* heißen. Ein glücklicheres Beispiel für den Unterschied zwischen Genie und Talent dürfte für die heutige Zeit auf dem Gebiete des Blei- und Kreide-Stiftes wohl kaum zu treffen sein: *Mars*, ein vollendeter Zeichenkünstler, liefert jene oft über-pikanten Schildereien und Situationen aus dem Pariser Boulevard-Leben, die seinen Namen auch außerhalb Frankreichs berühmt gemacht haben. Seine Mache ist bestrickend. Er ist das geborene Zeichen-Talent. Auch der größten Banalität könnte er durch seinen Stift zum Beifall verhelfen. Er geht nie über die aller-oberflächlichsten Vorwürfe hinaus. Und seine liebste Staffage bilden Kleider, Schürzen, Stöcke, Schuhe, Hüte und Modegarnituren. Aber wer dürfte sich mit ihm im Zeichnen-Können so rasch vergleichen?! – Und nun nehmen sie dagegen *Stop*. Einen größeren Zeichen-Stümper hat es vielleicht in diesem Metier nie gegeben. Wenn er nur ein ein bischen oberflächliches oder ihm nicht zusagendes Thema vor sich hat, so kann man keck behaupten, jeder Sonntagsschüler wird ihn im Zeichnen in wenigen Wochen erreichen. Aber welche Originalität in den Ideen! Welche burlesken Wendungen! Welche verrückte Anwandlungen! Und wie ändert er die Menschen in dem Kaleidoskop seiner Seele zu einem neuen, unerhörten Geschlecht um! So ist er denn auch der Begründer einer ganz neuen parodistischen Kunst geworden; jener nämlich, durch die Säle einer Gemälde-Ausstellung, z.B. des Pariser »Salon«, zu wandern, und wie durch ein schief-geschliffenes Augen-Glas, dessen *Stop* aber nicht bedarf, an den ausgestellten Bildern die unglaublichsten Verrenkungen, Verzerrungen, und komischen Situationen zu entdecken, eine Manier, die nur zu bald Nachahmer gefunden hat. – Doch weßhalb gehen wir nach Frankreich, um ein zeichnerisches Genie zu entdecken, nachdem wir in unsern Mauern ein solches, vom ausgesprochensten und stärksten Timbre besitzen? – Wer kennt nicht *Oberländer*?! Hier trifft sich zufällig Popularität und ungemessene Anerkennung mit genialer Veranlagung beisammen, was bei *Stop* gewiß nicht der Fall ist. Aber das ist gewiß kein Maaßstab. Nein, was *Oberländer* unbestritten als Bürger aus Genie-Land erkennen läßt, ist wieder jener unerklärliche, tiefe Untergrund der Seele, aus dem seine Entwürfe heraufsteigen, angethan mit einem Mantel, den andere nicht tragen. Wir stehen vor *Oberländer's* Zeichnungen oft paff, im Innersten getroffen, und vergessen ganz die komische Situation. Wer nur die heitere Seite seiner Darstellungen kennt, der hat diesen tief-ernsten Künstler nie erfaßt. *Oberländer* bietet uns komische Verwicklungen und Vorgänge, die aber oft nur mit einem Hauch an die Wirklichkeit, an die Möglichkeit erinnern; das Uebrige ist sein Eigenthum, gewagt konstruirt, absonderlich, grotesk, unerhört. Und von ihm gilt das Wort *Schopenhauer's* vom Genie: Er schaut in eine andere Welt als sie alle. –

Wir müssen noch eine Gruppe psychologisch eigengearteter Menschen betrachten, von denen es nach der gegebenen, eng-umschriebenen Grenze dessen, was man Genie nennt, zweifelhaft ist, ob man sie dazurechnen soll oder nicht. *Moleschott* hat besonders darauf aufmerksam gemacht, und es unter die Anzeichen der Genialität gerechnet, wenn gewisse Leute, Denker, Forscher durch unscheinbarste Reize aus der Außenwelt zu Schlüssen, Folgerungen, Weiterungen, Perspectiven gebracht werden, die in ihrer Größe, Großartigkeit oder Heterogenität den ursprünglichen Reiz, den Auslösungshebel für die ganze Gedankenkette, als winzig und gegenstandslos erscheinen lassen. So kam z. B. *Galilei* durch Betrachten der an langen Schnüren aufgehangenen Kirchenampeln und ihrer fast unmerklichen Oscillationen auf das Gesetz der Pendelschwingungen; *Newton* kam durch Beobachtung eines vom Baum fallenden Apfels in seinem Garten in Woolsthorpe, als er auf der Bank saß, auf die Idee des Gravitations-Gesetzes und der Anziehungskräfte zwischen Weltkörpern und ihren Trabanten; John *Watt* kam durch Beobachtung des spontan sich hebenden Deckels einer siedenden Theekanne auf die Idee der Benützung des Dampfes als Motor. Der französische Componist *Auber* fand beim Schaumschlagen zum Rasieren die Melodie des bekannten Marschtempos in der Ouvertüre zu seiner »Stumme von Portici«. *Archimedes* fand beim Einsteigen in's Bad das Gesetz der spezifischen Schwere der Körper. Der Astronom *Leverier* kam durch Beobachtung der Störungen in den Bewegungen des Planeten Uranus auf die Idee der Nähe eines anderen Himmelskörpers, berechnete diesen nach Größe und Stellung, und gab so Veranlassung zur Entdeckung des Planeten Neptun. – Hier haben wir eine Reihe von Geistestaten fast ausschließlich allerersten Ranges vor uns. Es scheint aber zweifelhaft, ob wir ihre Urheber unter die Genies rechnen sollen. Vom Genie verlangen wir, daß es in dem, was Geniales in ihm steckt ohne Anknüpfungspunkte mit seinen Zeitgenossen oder Vorgängern sei. Ein rein schriftstellerisches Genie soll, was Wortverbindungen, Satzstellung und die allgemeine Wirkung der Sprache angeht, unerhört sein. Dieß gilt z.B. im vollsten Maaße von der Sprache *Luthers* und *Klopstocks*. Ein coloristisches Genie, wie es *Makart* war, lehnte sich nicht etwa an Rubens, Titian, oder die Venetianer an, sondern erfand seine eigenen Töne. Die Malweise eines *Max*, das was man bei einem Maler den Vortrag nennt, war absolut neu, und wirkte auf ihre ersten Betrachter wie eine Offenbarung. Was man auch über *Wagner's* dramatisches Talent, seine Instrumentirung und Compositionsweise gesagt haben mag, scheint doch jenes scharf abgegrenzte Gebiet der Harmonisirung seine Haupt-Originalität auszumachen; Beweis: die fast unverkürzte Wirkung *Wagner'scher* Musik durch Wiedergabe auf dem Klavier, wo alle die obengenannten Momente wegfallen, und die Harmonie (nicht die Melodie) in ihr volles Recht tritt. An Wucht der orchestralen Mittel hat *Wagner* an Meyerbeer, an Melodiefindung in Weber, an rücksichtsloser Sprengung der überkommenen musikalischen Form an Berlioz ebenbürtige, zum Teil überlegene Rivalen; aber in der Harmonisirung, besonders in der enharmonischen Behandlung der Tongebilde, in der Verwendung der gewagtesten Dissonanzen hat *Wagner* Ausdrucksformen geschaffen, die man früher nicht kannte, die zum Teil unanalysirbar sind, die sich nur mit seinem Namen decken; und soweit ist *Wagner* Genie. –

Noch einer letzten Gruppe genialer Menschen müssen wir hier gedenken, denen gegenüber man fast zu der Annahme verleitet werden könnte, daß ein glücklicher Zufall sie zu dem gemacht hat, was sie geworden. Alles was bei Anderen in Form sich wiederholender Eingebungen, Stimmungen, Anregungen, Inspirationen über das ganze Leben wie ein Auf- und Abgehen gleichmäßig bewegter Wellen vertheilt ist, erscheint bei ihnen als ein plötzlicher seelischer Stoß von unerhörter Gewalt, dessen Nachzittern das Gemüth nicht mehr zur Ruhe kommen läßt; ein einziger Moment von fast hellsehender Kraft entscheidet für die ganze Lebenszeit; und ein seelischer Prozeß, der vielleicht in weniger als einer halben Stunde abspielt, bringt Lösung und Arbeitsplan für ein halbes Säculum. Das merkwürdigste Beispiel nach dieser Richtung ist wohl *Descartes. Descartes*, der zwei Jahre absolutester Einsamkeit in einer Pariser Vorstadt mit vergeblichen philosophischen Grübeleien ausgefüllt hatte, tritt plötzlich, mit der Erwägung, daß man die Lösung der großen Weltfragen draußen unter den Menschen suchen müsse, heraus, und nimmt, wie das damals während des 30jährigen Krieges üblich, Kriegsdienste in der bayerischen Armee. Und hier, im Kriegslager zu Neuburg an der Donau, macht der junge Franzose den großen Fund, – er nennt den 10. November 1619 – jene eigenthümliche Verbindung von Philosophie und Mathematik, jene eigenthümliche Methode philosophische Sätze geometrisch zu fassen, die ihm im Uebermaaß seines Zweifels als die einzige Rettung zu einer exacten, philosophischen Forschung erschienen war und die von nun an das unverrückbare Ziel seines Lebens bildet. (Erdmann, Gesch. d. Philos. Band II pag 8 ff.) Bedenken Sie, *Descartes*, ein Mann der an der Spitze unserer gesammten modernen Philosophie steht, *Descartes*, der als erster es unternimmt, nicht die Außenwelt und ihre Beziehungen zu unserem Denken, sondern das denkende Ich auf seine Funktion hin zu prüfen, eine Art Denk-Mechanik zu liefern, ein Weg, auf dem wir heute noch wandeln, *Descartes*, ohne den Spinoza und in weiterer Folge Kant, und was sich an ihn anschließt, undenkbar, findet das treffliche Werkzeug seiner Methode in einem bayerischen Kriegslager, und läßt diesen Fund für sein ganzes Leben lang nicht mehr los! Und *Descartes* war doch kein Phantast, sondern ein fast rein mathematischer Kopf. Weit eher begreifen wir ein ähnliches Ereigniß bei Jakob *Böhme*, der zum erstenmale beim Betrachten eines von der Sonne beleuchteten Zinngeschirres auf jene Gedanken gekommen sein will, die er zwei Jahre später in seiner »Aurora«, seinem entscheidenden Werk, zum Ausdruck brachte. Gewiß ist das Zinngeschirr, als solches, von ganz nebensächlicher Bedeutung für den geistigen Gährungs-Prozeß im Kopfe eines Jakob *Böhme*; aber was es uns lehrt, ist die Plötzlichkeit, mit der in einem genialen Kopfe alle die bunten Gedanken-Steine in einem gegebenen Moment zu einem glücklichen Mosaik zusammenschießen, ein Bild, welches dann den Betreffenden nicht mehr verläßt, und welches er freudestrahlend der Welt verkündet. – Und wer von Ihnen erinnert sich nicht bei dieser Gelegenheit jenes merkwürdigen Falles einer plötzlichen Seelenerschütterung eines bedeutenden Mannes, die wir unter dem Namen »Saul's Bekehrung« kennen. Ziehen wir all' das Legendäre, womit diese Episode zweifellos ausgeschmückt ist, ab, was bleibt übrig? Ein Mann, der in der Mitte seiner Jahre angelangt ist, von außerordentlicher Leidenschaftlichkeit, in fanatischer Verfolgung seines Lebenszieles, der Ausrottung der jung angesiedelten Christen- Gemeinden, macht plötzlich Halt, und betritt eben die Stadt, auf die ein Hauptschlag geplant war, als Freund der Verfolgten, deren leidenschaftlichster Vorkämpfer er nun wird. Was *Paulus* am Himmel gesehen hat, oder gesehen haben will, ist ganz gleich; ob es ein rein innerlicher Prozeß, ein seelischer Conflict, war; oder ob äußerliche Verhältnisse, Naturereignisse, ein heftiger Blitzschlag während eines Gewitters, wie bei Luther u. drgl. mitwirkten; nenne man es Inspiration, Vision oder Schrecken; historische Thatsache bleibt, daß ein Mann, dessen Geisteskräfte niemals in Zweifel gezogen wurden, und der durch sein kühnes Vordringen der jungen christlichen Kirche eine Angriffsfähigkeit verlieh, ohne die sie, wie *Rénan* glaubt, sicher untergegangen wäre, innerhalb weniger Stunden die heftigste innere Revolution durchmachte, und daß diese in seinem Willen entgegengesetzter, spontan und unerbittlich verlaufender seelischer Prozeß war. –

Aber diese plötzliche Erleuchtung, dieses Hereinbrechen eines fast überirdischen Einflußes, an dem die betreffenden wie an eine fremde Macht glauben, das Hinaushorchen des genialen Menschen auf die fremde Stimme, die ihm schon einmal das erlösende Wort zugeflüstert, das Angewiesen-Sein auf eine Constellation des Geistes, die man nicht willkürlich herbeiführen kann, das Abwartenmüssen, ob auch dießmal die Seele das Bild, das Phantom hergeben wird das zur künstlerischen Begeisterung antrieb, dieser ganze Status, – erst langsames, dumpfes Hinbrüten, dann fiebernde Angst und Erregung, – bringt die Genies psychologisch in dichteste Nähe mit einer Klasse perverser Geistesmenschen, die man allgemein unter dem Namen *Hallucinanten* zusammenfaßt. Und damit kommen wir zum zweiten Theil unserer Erörterung, die Verwandtschaft des Genies zum Wahnsinn. –

Die Verbindung von genialer Anlage mit Geisteskrankheit ist schon eine sehr alte. Und zwar deshalb, weil die meisten alten Völker Wahnsinn und Dichtkunst identificirten. Bei den Hebräern heißt navi Profet und Narr. Die Türken nennen die Geisteskranken »Söhne Gottes«. Die »weisen Frauen« der alten Deutschen, von deren Aussprüchen die wichtigsten politischen Entschlüsse abhingen, waren geistig alterirte Personen. Die Priesterinnen des delfischen Orakels bei den Griechen waren geisteskranke Frauen oder künstlich in Extase gebracht. Bis herauf zur Seherin von Pervorst und den hellsehenden Aussprüchen Hypnotisirter wird immer die Gabe der Weissagung mit geistiger Alteration in Verbindung gebracht. Aber auch jene griechischen Schriftsteller, die Geisteskrankheit und Dichtkunst schon sehr wohl unterschieden, bringen beide Zustände in einen gewissen Zusammenhang. Man sprach von einem göttlichen Wahnsinn des *Plato*. Und *Aristoteles* schon bemerkte, daß alle ingeniösen Leute melancholisch seien. In der That ist die Melancholie, wie sie sich typisch auf den Gesichtszügen eines *Beethoven* ausgeprägt, eine regelmäßig wiederkehrende Erscheinung bei Leuten, die fast unaufhörlich von inneren Regungen und Bildern heimgesucht werden. Nicht zufällig bedeutet das deutsche Wort »tiefsinnig« melancholisch krank und gedankenreich. Selbst ein so heller und weitblickender Kopf wie *Friedrich der Große* wurde zeitlebens der melancholischen Anwandlungen und Todesgedanken nicht los. Noch bevor das von ihm erbaute Schloß Sansouci fertig war, ließ er, der das 33. Lebensjahr noch nicht vollendet, sich im Garten vor dem Fenster seines künftigen Studir-Zimmers eine Gruft ausmauern, bedeckte sie, um ihren Zweck andern nicht erkennen zu lassen, mit einer Statue der Blumengöttin, und sagte im intimen Zwiegespräch mit einem Herrn seiner Umgebung; »Quand je serai là, je serai sans souci!« (Wenn ich dort drunten liegen werde, werde ich ohne Sorge sein!) Und davon hat das zwei Jahre später erbaute Schloß seinen Namen. Sonsouci war kein Lustschloß der Sorgenlosigkeit, sondern das Schloß einsamzurückgezogener, melancholischer Gedanken-Arbeit. – Die Melancholie, hat man gesagt, ist der Gedankenbringer, wie der West-Wind der Regenbringer. Beide wirken befruchtend. Aber die Melancholie ist auch der düstere Ackerboden, auf dem die bunte Blume der Sinnestäuschung so leicht gedeiht. Selbst den großen *Napoleon* I. hielt in seinen Jugendjahren die Brienne, Valençe und Auxonne eine melancholische Stimmung in ihrem Bann, und er, der so großes Unglück über die Menschheit gebracht, schrieb sentimentale Abhandlungen, wie »Ueber das Menschenglück«, »Dialog über die Liebe«, »Reflexionen über den Naturzustand.« –

Die eigentlich wissenschaftliche Verbindung von Genie und Geisteskrankheit fällt erst in unser Jahrhundert. *Moreau*, der bekannte französische Irrenarzt, schrieb schon 1859 ein geistvolles Buch über diesen Gegenstand. Er definirte direkt das Genie als eine Gehirn-Neurose, als »éréthisme nerveux«, der aber seinen Verlauf zum Wahnsinn oder Idiotismus nicht durchmacht, sondern stationär bleibt; also eine Art stehengebliebene Geisteskrankheit. Diese Anlage zu einer prädispositionellen Gehirnfunktion ist meist erblich; ebenso wie in bestimmten Familien immer wieder Lungen- oder Gelenk- oder Augen-Krankheiten vorkommen, so gibt es Familien, in denen das Gehirnleben nach der moralischen oder intellectuellen Seite prävalirt. Eine solche Familie hat große Chance einen geistig hervorragenden Menschen, im weiteren Verlauf aber einen Geisteskranken zu erzeugen. Von *Griesinger* stammt schon der bekannte Ausspruch: »Wenn ich höre, daß in einer Familie ein Genie existirt, frage ich gleich, ob nicht auch ein Blödsinniger darunter ist.« In der That ist der Fall außerordentlich häufig, daß wir in der Ascendenz oder Descendenz von genialen Menschen die verschiedenen Formen von Psychosen antreffen. Nur einige ganz bekannte Beispiele: *Schopenhauer's* Onkel und Großmutter waren blödsinnig. *Hegel's* Schwester war verrückt (dieses Wort als psychiatrischen Terminus gebraucht), glaubte sich in ein Paquet verwandelt, welches gesiegelt und abgeschickt werde; starb durch Selbstmord. Eine Schwester von *Diderot* starb irrsinnig. *Richelieu's* geisteskranke Schwester hielt ihren Körper von Glas und schützte ihn dementsprechend; beider Bruder, ein Priester, hatte Visionen und hielt sich für Gott Vater. Die Mutter von *Karl* V. blieb die letzten 50 Jahre ihres Lebens in melancholischem Stumpfsinn; *Karl* V. selbst war gesund; zog sich aber in dem relativ frühen Alter von 56 Jahren angeekelt von der Welt in ein Kloster zurück, wo er starb. Sein Sohn war der hochbegabte, energische Philipp II. Und dessen Sohn *Don Carlos* war wieder geisteskrank und mußte in Gefangenschaft gehalten werden. Der Bruder *Alexander des Großen*, Arrhidaios war Idiot. Ein Sohn des römischen Geschichtsschreibers *Tacitus* war blödsinnig. Hieher gehört auch der bekannte Ausspruch: »Große Väter, kleine Söhne.« *Peter des Großen* älterer Bruder Iwan war blödsinnig, seine Schwester Sophie war außergewöhnlich talentirt wie er selbst; und sein Enkel, Paul I., litt wiederum an Hallucinationen, glaubte sich in den Gassen von St. Petersburg von seinem verstorbenen Großvater verfolgt, und provocirte selbst durch sein unberechenbares, tolles und seine ganze Umgebung in Schrecken haltendes Benehmen die Verschwörung, durch die er aus dem Weg geräumt wurde. – *Lombroso*, der bekannte italienische Psychiater und modernste Vertreter der Lehre von der Identität von Genie und Wahnsinn geht ohne jeden voreingenommenen Standpunkt die Hauptmerkmale körperlicher und psychischer Natur bei Geisteskranken und genialen Menschen durch, findet durch Vergleichung eine große Zahl wesentlicher Symptome identisch und schließt aus der Identität dieser Symptome auf die Identität des geistigen Prozeßes. Ein etwas summarisches Verfahren, welches zunächst ein ungeheueres Material zur Stelle geschafft hat, das aber der kritischen Sichtung noch dringend bedürftig ist. Unter diese bei Geisteskranken und genialen Menschen gleichzeitig anzutreffenden Kennzeichen rechnet *Lombroso* in der 5. Auflage seines »L'uomo di Genio« folgende: kleine Statur, Bläße der Gesichtsfarbe, Magerheit, Verletzungen und Asymmetrie des Schädels, fliehende Stirn, Ueberschreiten des Mittels der Schädelcapacität, Entzündungen der Gehirnhäute, Abhäsion der letzteren an der Schädelwand, Inegalität der Gehirnhälften, Stammeln, Stottern, Frühreife, Wanderungsdrang u.a. –

Im Allgemeinen muß man nun sagen, daß der Satz: Genie ist Wahnsinn, einfach und ohne Einschränkung aufgestellt, unhaltbar ist, und zu Irrthümern verleitet. Dem gegenüber hat *Lamb*, der englische Psychologe, Recht, wenn er entgegnet, er könne sich bestimmte hochbegabte Männer, wie Shakespeare und Goethe, geisteskrank gar nicht vorstellen. Auch ist es bezeichnend, daß gerade hervorragende Irrenärzte, wie *Hagen*, energisch sich gegen die Identifizirung beider Zustände gewehrt haben. Und es ist klar, daß ein Psychiater, wie *Arndt*, der als das Grundwesen aller Geisteskrankheit den Schwachsinn ansieht, niemals in die Gleichstellung dieses Hemmungs-Zustandes mit der höchsten geistigen Blüthe der Menschheit willigen wird. Auch liegt in dem obigen Satz: Genie ist Wahnsinn, zu nahe der Rückschluß: Wahnsinn ist Genie. Und wenn auch *Lombroso* ein ganzes Drittel seines Buches mit der Aufzählung von höchst merkwürdigen und originellen Begabungen bei Geisteskranken ausgefüllt hat, so darf dieser Rücksatz: Wahnsinn ist Genie, nie und nimmer praktisch aufzutreten wagen. Jeder Seifensieder kann geistig erkranken, ohne dadurch seinen Intellect um einen Gran zu erhöhen. Auch haben wir noch keine bestimmten statistischen Angaben darüber, wie viel Prozent überhaupt von der Menschheit geistig erkranken, um daran die Häufigkeit geistiger Anomalieen bei den Genies messen zu können. –

Aber es sind zwei Typen von Geisteskranken, zwei Arten von Psychosen, die mit jenen Zuständen, die wir ganz harmlos in den Biografieen genialer Menschen beschrieben finden, die unvekennbarste Aehnlichkeit haben, nämlich 1) die *frischen Hallucinanten*, also die zum erstenmal, oder neuerdings an Sinnestäuschungen Erkrankenden; und 2) jener eigenthümliche Zustand von Persönlichkeitswechsel mit Bewußtseinsstörung und Auftreten von visionären Delirien, wie er bei Epilepsie vorkommt, und den man deshalb *psychische, geistige Epilepsie* genannt hat (im Gegensatze zur körperlichen Epilepsie, den Anfällen). Die Analogie dieser beiden Psychosen mit gelegentlichen, aber ausschlaggebenden Zuständen bei genialen Menschen soll im Folgenden versucht werden.

Man hat etwas trivial, aber sehr illustrativ, den menschlichen Geist mit einer Flasche Sodawasser verglichen. Die Klarheit der Flüssigkeit entspricht dem normalen Zustand. Bei normaler Geistesverfassung fühlen wir unsere Gedanken nicht als solche. Unser Geist ist klar. Sobald der Stöpsel Luft bekommt, beginnt das Perlen und Sich-Trüben der Flüssigkeit. Der Stöpsel repräsentirt den controllirenden Druck unseres bewußten Aufmerkens, unseres Verstandes. Die aufsteigenden Perlen sind das Freiwerden der Imagination, die Bilder der Phantasie. In diesem Zustand befinden wir uns Alle im Schlaf. Unsere Aufmerksamkeit erlischt, und die Phantasie, die stets parat ist, wie die Kohlensäure, sobald der Druck von ihr genommen, emporzusteigen, beginnt ihre Tätigkeit als Traum. Wir erkennen die Träume nicht als unser geistiges Eigentum. Im Traum selbst sind wir kritiklos, naiv-zuschauend. Sobald wir erwachen, erblicken wir den Wirrwarr; wundern uns über unsern eigenen Zustand. Und mit dem Einstellen des bewußten Aufmerkens, mit dem Fester-Aufdrücken des Stöpsels, hört der ganze Spuck auf; die Perlen bleiben aus, die Flüssigkeit wird wieder klar. Bei einzelnen Menschen schlüpft zwar die eine oder andere Perle auch Tags über durch; das sind dann jene uns unbegreiflich erscheinenden Bilder, Worte, Zahlen u. dergl., die wir plötzlich in unserem Ich vorfinden. Und manchmal erinnern wir uns dann von so einer einzigen Perle aus der ganzen Episode, die uns Nachts geträumt hat. Das Ingenium ist dann eine schlecht schließende Flasche, bei der auch Tags über Perlen in größerer oder geringerer Menge durchschießen. Diese Perlen, diese Bilder, diese Motive, abgerissen, unmotivirt, plötzlich da, unbekannt woher, erregen, ebenso wie bei uns die Träume im Moment des Erwachens, seine gespannteste Aufmerksamkeit, sogar Angst, Unruhe, weil es diese geistigen Potenzen nicht als sein Eigentum anerkennt; und nun beginnt eine erregte, fieberhafte Tätigkeit; der Verstand ist gezwungen, sich mit den fremden Faktoren abzufinden, sie zu verarbeiten; und das Resultat ist, wenn es gut geht ein geniales Werk, ein unerhörter Fund, eine barocke Idee, aber immer ein Unicum. Der beginnende Geisteskranke, der beginnende Hallucinant ist dann ebenfalls eine Flasche mit gelockertem Stöpsel, bei der die Perlen immer stürmischer Auftreten. Damit stimmt, daß beginnende Geisteskranke von einer Flut von Träumen bei Nacht heimgesucht werden; da ja Freiwerden der Imagination, ob bei Tag oder Nacht, immer derselbe Prozeß ist, und der Druck des bewußten Aufmerkens allein darüber entscheidet. Auch der beginnende Hallucinant stutzt genau anfangs wie das Genie über den fremden Eindringling, ist im Zweifel, geräth in Unruhe, und dies dauert wochen- und monatelang; aber meist häufen sich dann die Sinnesbilder so stürmisch, daß der Verstand Controlle und Kritik verliert, und das wilde Meer der Imagination den ganzen Menschen wie ein steuerloses Schiff hin- und herwirft. Beim genialen Menschen ist es im Ganzen selten, daß die plötzlichen Bilder seiner Phantasie wirklich bis zur Stärke von Sinnestäuschungen anwachsen, daß dieselben als Gestalten, Worte, Gerüche in die Außenwelt projicirt, und von dort zur Rechenschaft gezogen werden, wie es bei *Luther* (in seinen laut geführten Gesprächen mit dem Täufel), bei *Schuhmann, Tasso, Byron, Cromwell, Socrates*, und vielen anderen der Fall war. Häufiger besteht jener Zustand, wo die aufsteigenden Bilder der Phantasie zwar als fremd, aber doch im eigenen Kopfe vorgehend, erkannt werden; wie Walter *Scott* es von sich ausdrückte, daß er ein »Opfer seiner Imagination »sei. Umgekehrt beim Hallucinanten ist, wie das Wort sagt, das Anwachsen des unbewußt geborenen Phantasiebildes bis zur Hallucination, bis zur Sinnestäuschung die Regel. Aber Beides kommt bei Beiden vor. Uebergänge von der normalen Gesundheit zu diesem Stadium des Geisteslebens kennen alle diejenigen, die strake Raucher sind, oder starken unvermischten Kafe trinken. Was sind die so gerne aufgesuchten Zustände von behaglicher Sorglosigkeit und abendländischem Nirwana, wie sie besonders der Raucher und Kafe-Consument kennt, anderes, als kleine Täuschungen unseres Ich's durch die Imagination auf Kosten unseres Verstandes. *Lenau* richtete sich durch den Genuß von schwarzem Kafe fast zu Grund.

Noch intensiver wirken Opium, Chloroform, Aether; auch Alcohol und Absinth können alle Zustände von angenehmer Erregung unserer Phanthasie bis zum stürmischen Ausbruch von Hallucinationen erzeugen; am stärksten jedoch Haschisch. Man kann mit Haschisch innerhalb einer halben Stunde einen gesunden Menschen bis zu den turbulentesten Illusionen und Sinnestäuschungen bringen, ihn experimentell geisteskrank machen. Er antwortet auf jede Frage, correct und besonnen; sein Verstand ist nicht getrübt; inzwischen unterliegt er in jedem Bruchteil der Secunde den schrankenlos auf ihn einbrechenden Phantasmen seiner Einbildungskraft. Und was hier experimentell erzeugt ist, das tritt beim Ingenium, wenn auch graduell verschieden, spontan auf. Und die Gleichartigkeit aller dieser seelischen Prozesse ist es, was uns die Berechtigung gibt, von der Identität bestimmter Zustände beim Genie mit hallucinatorischem Irrsinn, also mit Geisteskrankheit, zu sprechen.

Ein solches fortwährend von seiner Imagination in Beschlag gelegtes Genie war *Mozart*. Was er auch tat, und wo er auch war, beim Fahren, beim Kegeln, beim Essen, beim Billard-Spielen, während der Unterhaltung, war er, nach eigener Aussage, stets innerlich musikalisch beschäftigt, und summend und brummend folgte er diesen inneren Anregungen; ja er suchte äußerliche, mechanische Beschäftigungen, wie Kegeln, Reiten gerne auf, weil dann dieses innere Produciren glatter von Statten ging. Sogar beim Essen mußte ihn seine Frau zuletzt das Fleisch zerschneiden, weil er sich durch mangelnde Aufmerksamkeit wiederholt mit dem Messer verletzt hatte. Hier haben wir also schon vollständig im Keim entwickelt das Auftreten der Doppelpersönlichkeit. Noch stärker war dies Alles bei *Beethoven* ausgeprägt, bei dem sich das innere Leben bis zu förmlichen Anfällen von Geistesabwesenheit verdichtete. Zu solchen Zeiten begann der große Componist ausgedehnte Waschungen – auch hier wieder ein äußeres mechanisches Hantiren als Aequivalent für den inneren Prozeß. Halb entkleidet holte *Beethoven* – wie Goethe's Zauberlehrling – Wasserkrug auf Wasserkrug, entleerte einen nach dem andern in das Becken, und während er halb durchnäßt mechanische Waschbewegungen machte oder im Zimmer auf- und abging, folgte er mit brummender oder heulender Stimme, rollenden Augen und geistesabwesender Miene seinen inneren Anregungen, die er auch gelegentlich durch einige Notizen am Schreibtisch fixirte. Dieses Waschen und Heulen und Sichausziehen ging stundenlang fort, bis *Beethoven* zuletzt, ohne es zu merken, bis am Knöchel im Wasser stand. Niemand wagte es, ihn in solchen Scenen zu stören, weil seine Umgebung wußte, daß es Stunden der tiefsten Meditation waren, und er durch die Unterbrechung auf's Höchste gereizt wurde. So ließ man ihn gewähren. Was aber nicht verhindert werden konnte war, daß *Beethoven* alle Augenblick die Wohnung gekündigt wurde, weil es der unten wohnenden Partei natürlich nicht angenehm sein konnte, daß ihr das Wasser durch die Decke troff. Wer diese Beschreibung liest, (Schindler, Biographie von L.v. Beethoven. Münster 1840) und jemals Gelegenheit hatte, einen frischen Hallucinanten zu sehen, kann nicht im Zweifel sein, daß es sich hier um verwandte Zustände handelt. – Bei vielen genialen Menschen verstärken sich dann, wie schon erwähnt, diese inneren Anregungen zu wirklichen sinnlichen Bildern, die nach außen verlegt werden, also zur wirklichen Sinnestäuschung. *Schuhmann* hörte viele Jahre seines Lebens hindurch, und noch in der guten Zeit, einen einzigen hohen Ton, der ihn sehr genirte, von dem er wußte, daß er subjektiver Natur war, den er aber trotzdem als von außen kommend betrachten mußte. Ein solch' einziges Factum, einem Eindringling sich gegenüber zu sehen, den man nicht als das Resultat seiner eigenen geistigen Produktion ansehen kann und darf, kann schon das Gemüt eines Menschen auf's Schrecklichste verdüstern, und jedes künstlerische Schaffen lahm legen. Später kamen dann bei *Schuhmann* andere Gehörs-, Geruchs- und Geschmacks-Hallucinationen hinzu, denen gegenüber er unterlag; er glaubte sich vergiftet; machte einen Selbstmordversuch durch einen Sprung in den Rhein, wurde gerettet, und verbrachte dann den Rest seines Lebens im Irrenhaus. – Bei Anderen mögen Hallucinationen in gewissem Umfang ohne Schädigung der geistigen Dispositions-Fähigkeit persistiren. Der Unterhaltungen *Luthers* mit dem Teufel (der ihn unter Anderem fragte, »was er mit den Klöstern angefangen«), wurde schon gedacht. *Socrates* hatte nicht nur Gehörs-Hallucinationen, sondern er personifizirte sie bis zur Annahme einer überirdischen Person, die er daimon, Gottheit nannte, und von der er die Grundsätze seiner philosophischen Lehre erhalten haben wollte. Zur Annahme eines solchen »Schutzgeistes« oder »Genius« kamen auch *Keppler*, der seine Entdeckungen von einem solchen »zugeflüstert« haben wollte; *Cromwell*, und sogar *Napoleon* I., der behauptete, eine glänzende Frauengestalt wiederholt vor seinen Schlachten gesehen zu haben, und die für ihn stets glückbringend war. »Derartige Hallucinationen, – sagt Moreau – weit entfernt, die geringste Störung auf die Geisteskräfte des betreffenden auszuüben, waren vielmehr geeignet, denselben auf's Aeußerste zur Erreichung eines einmal vorgesetzten Planes anzuspornen.« *Jeanne d'Arc* vollführte das, was sie tat, nur durch den mächtigen Impuls, den ihr die von ihr vernommenen »göttlichen Stimmen und Befehle« verliehen. Und daß die exaltirten Zustände und Visionen aller Heiligen vom heiligen *Antonius* in Egypten bis zur spanischen *Maria d'Agreda* auf Sinnestäuschungen zurückzuführen sind, kann vom wissenschaftlichen Standpunkt aus keinem Zweifel unterliegen. – Ein weiteres Symptom von nicht zu unterschätzender Bedeutung, welches genialen Menschen wie Hallucinanten gemeinsam ist, sind die laut geführten *Selbstgespräche*. Ganz gesunde Menschen reden nicht mit sich selbst; außer vielleicht in Momenten starker physischer Erregung, wo ein kurzer Ausruf der Freude oder des Entsetzens durch die Lippen schlüpfen mag. Was ist die Veranlassung, sich selbst zu antworten, anders, als das Anwachsen eines imaginären Vorganges in uns bis zur Verkörperung zu einer äußeren Macht, der wir dann als ein alter ego gegenübertreten. *Bierre de Boismont* sagt, daß Leute, die Selbstgespräche führen, zu Hallucinationen tendiren. Der einzige Unterschied, in der Tat, zwischen einem Mit-Sich-selbst Redenden und einem Hallucinanten ist nur der, daß Ersterer noch Kenntnis davon hat, daß das unsichtbare Wort, dem er antwortet, noch in ihm selbst vorgeht, während der Letztere das schon nicht mehr weiß, sondern die Quelle draußen sucht. Der schottische Dichter Robert *Burns* ging bei der Composition seines »Tam o' Shanter« heftig gestikulirend, wie seine Frau erzählt, und wiederholt laut seinen Helden anrufend »O Tam! O Tam!« am Fluß-Ufer in der Nähe seiner Wohnung auf und ab; dies nahm die Zeit ein »between breakfast and dinner«; am gleichen Abend, als der »storm of Composition« vorüber war, schrieb er das über zweitausend Verse haltende Gedicht in einem Zug nieder, und erklärte es, bis an sein Lebensende, als das Beste, was er ge macht. – Hieher gehört auch, daß viele Schriftsteller und Dichter ihre Schöpfungen so obiektiv aus sich hinauslegen, daß sie ihre Helden nicht nur anreden, sondern deren Schmerzen teilen, mit ihnen leiden, und für sie fürchten. *Balzac* war oft trostlos, wie es dieser oder jener Person seiner Erzählung, die noch nicht vollendet war, gehen werde, und besprach alle Eventualitäten mit seinen Freunden mit einer Unruhe und Besorgnis, als ob er nicht den geringsten Einfluß auf den Ausgang habe. Richard *Wagner* brach einmal bei einer Probe des von ihm componirten »Lohengrin« in der Scene von Lohengrin's Abschied schluchzend in seiner Loge zusammen.

Wir wollen noch kurz von jener zweiten Gruppe genialer Menschen handeln, deren geistige Verwandte auf irrenärztlichem Gebiet die an *»psychischer Epilepsie«* Leidenden sind. Bei Epileptikern kann statt des wirklichen Anfalls, also statt der Krämpfe, nach einer längst bekannten irrenärztlichen Erfahrung, ein psychischer Status eintreten, der sich durch schrankenlose Delirien mit Aufhebung des Bewußtseins äußert. Dies nennt man psychische Epilepsie. Es können alternirend beide Zustände, oder nur die einen oder die anderen bei einem und demselben Individuum vorkommen. Und das gleiche finden wir bei vielen genial angelegten Menschen. Direkt an Epilepsie litten Julius *Cäsar, Muhamed, Narses, Napoleon* I, *Pascal, Dostojewski, Petrarca, Molière, Peter der Große* und viele andere. *Cäsar* hatte vollständige Kenntniß seines Zustandes, und suchte demselben durch ein diätetisches Regime zu begegnen, indem er große Enthaltsamkeit übte, und gymnastische Uebungen trieb. *Plutarch* berichtet von zwei großen Anfällen bei ihm, deren einer sich ankündigte, als er eben sein Herr bei *Thapsus* in Schlachtordnung aufgestellt hatte; wissend, was kommen werde, ließ er sich in einen nahen Turm tragen, und wartete dort das Vorübergehen jener Convulsionen ab, welche die Römer morbus comitialis nannten, weil sie, als ominös, die Comitial-Berathungen sofort aufhoben. Auch *Napoleon* machte während der Schlacht bei Austerlitz in seinem Zelt einen epileptischen Schlaf-Zustand von etwa 1/2stündiger Dauer durch, aus dem ihn seine Umgebung angesichts der begonnenen Schlacht vergebens aufzurütteln versuchte. *Pascal* starb während eines heftigen epileptischen Anfalles. An einfachen

Convulsionen, ohne Störung des Bewußtseins, und dem Willen entzogenen Partial-Zuckungen in Gesicht, Schulter u. dergl. litten außerdem *Crebillon, Händel, Schiller, Moreau, Paganini, Alfieri*. An jenem Zustand, den man epileptischen Schwindel nennt, und den man als einen nicht zum Durchbruch gekommenen Anfall bezeichnen kann, litten *Swift* und *Newton*. Ein allen Epileptikern, und wäre es der einfachste Bauernbursche, gemeinsames Symptom ist eine außerordentlich gesteigerte, gemütliche *Reizbarkeit*. Und es braucht wohl kaum besonders betont werden, wie dieß auch wieder bei Künstlern, Schriftstellern, Dichtern und hervorragenden Geistesarbeitern ein hervorstehend psychisches Moment bildet. – Für die reine psychische Epilepsie, jenen visionären Zustand ohne Convulsionen, der aber keine Erinnerung hinterläßt, gibt es wohl kein besseres vorbildliches Beispiel, als der bekannte Fall jenes Bauernmädchens, den fast alle psychiatrischen Lehrbücher benützt haben, welches auf der Wiese mähend mit einemmal von dem traumhaften Zustand überrascht wird, aber mit offenen Augen fortmähend allmählich in einen Bach kommt, mähend in den Bach hineinstieg, im Wasser nicht erwacht und nun den Bach entlang mäht, bis endlich die anderen Leute auf dem Felde sie entdecken und herausziehen. Nach Hause gebracht, kommt sie allmählich zu sich, und ist dann ohne jede Erinnerung für das Vorgefallene. So machte *Ampère*, der bekannte französische Mathematiker, eines Morgens einen Spazierritt, als er von diesem visionären Zustand ereilt wird; er reitet anfangs ruhig weiter, steigt dann vom Pferd, führt dieses eine Zeit lang am Zaum, läßt es dann ledig, und verirrt sich. Als er nach einigen Stunden zurückkehrt, und man ihm das eingefangene Pferd zeigt, – weiß er von Nichts. Auch *Beethoven* irrte wiederholt in der Umgebung Wiens ohne Hut, Stock und Mantel umher, wurde als Streuner aufgegriffen, auf die Polizei gebracht, wo man nicht glauben wollte, daß er *Beethoven* sei, und wo er nicht angeben konnte, wo er etwa die Kleidungsstücke verloren. – Bekannt ist die Gewohnheit vieler genialer Menschen, plötzliche Einfälle mit einigen wenigen Notizen zu Papier zu bringen, aus Furcht, sie möchten ihnen entfallen. Und diese Furcht ist begründet. *Hebbel* erzählt, er habe mit dem größten Erstaunen Notizen in seinen Tagebüchern gefunden, die ihm nicht nur entfallen, sondern vollständig fremd vorkamen; die er gleichsam nur durch die Schrift erkannte. Er tröstet sich aber damit, daß das, was in der Zwischenzeit dem Gedächtniß entfallen, bei dem nächsten inspiratorischen Zustand wieder in voller Klarheit als Erinnerung dem Geiste zuströme, und spricht damit eines der Grundphänomene der Hypnose und psychischen Epilepsie aus, welches wissenschaftlich experimentell erst viel später festgestellt wurde, nämlich: die Spaltung der psychischen Persönlichkeit in Zwei, von denen Jede nur ihre eigenen Phasen wiedererkennt, und über die ihres Contre-Partes vollständig im Unklaren bleibt. – *Mandsley*, der englische Psychologe, der bemerkte, daß Epileptiker in ihren somnambülen Zuständen vorwiegend Visionen religiösen Inhalts und mit begeisterter Färbung hatten, sprach zuerst die Vermuthung aus, es möchten viele der Religionsstifter, bei denen es sich um die subjektive Ueberzeugung göttlicher Eingebung handelt, an geheimer oder offenkundiger Epilepsie gelitten haben. Dieß trifft in der That bei *Muhamed* in seinem vollen Umfange zu, der nachgewiesenermaßen schwere epileptische Attaquen durchmachte, und die lebhaftesten Visionen hatte. Bedenken Sie, welche Perspektive, wenn wir auf Grund dieser Darlegungen es, nicht als die letzte, sondern als eine der ersten Consequenzen, aussprechen müssen, daß ohne die psycho-epileptischen Zustände dieses Koreischiten der Muhammedismus nicht existirte. –

Mit diesen beiden Gruppen, der *hallucinatorischen* und *psycho-epileptischen* genialer Menschen, sind die Berührungspunkte zwischen Genie und Irrsinn noch nicht erschöpft. Eine nicht geringe Anzahl von Genies verfiel später, und anscheinend ohne eigentlichen Zusammenhang mit ihrem geistigen Produciren, definitiv der Geisteskrankheit. Unter anderen: *Hölderlin, Zimmermann*, der bekannte Verfasser von »Ueber die Einsamkeit«; *Lenau; Lenz*, der Zeitgenosse und Gefährte Goethe's; *Ben Johnson*, der Zeitgenosse *Shakespeare's; Schuhmann; Donizetti; Newton*, der sich in den letzten Jahren seines Lebens von allen mathematischen Untersuchungen abwandte, und ein mystisch-verworrenes Werk über die Apokalypse schrieb; *Swift*, der nebenbei gesagt, Jahrzehnte voraus seine geistige Erkrankung angekündigt; *Basedow*, der bekannte Pädagoge des vorigen Jahrhunderts, der zuletzt alle seine Schriften vertilgte, in der Meinung, Gott damit beleidigt zu haben; *Swedenborg*; und sogar *Kant*. – Nicht geringer ist die Zahl der zwischen hinein geistig erkrankten genialen Menschen, die später wieder gesundeten: *Tasso;* George *Sand, Cromwell;* *Alfieri*, der jedes Frühjahr eine melancholische Periode durchmachte, welcher dann im Herbst eine Zeit schöpferischer Thatkraft folgte; *Schiller*, der in Bauerbach in seinem 22. Lebensjahr eine complete melancholische Phase absolvirte und einen fremden Namen annahm; (genau das gleiche hatte *Descartes* ohne jeden sichtbaren Grund längere Zeit in Holland gethan); *Ampère*, der einen Tractat »Ueber die Zukunft der Chemie« verbrannte, in der Meinung, der Teufel habe ihm denselben eingegeben: *Gutzkow, Comte*, der französische Philosoph, der zwei Jahre in einer Irrenanstalt untergebracht war, und dann, entlassen, sein berühmtes Werk über den Positivismus schrieb. – Andere geniale Männer wie *Beethoven, Grabbe, Byron*, Richard *Wagner* wurden in wissenschaftlicher wie populärer Form für verrückt erklärt, ohne daß sie es waren. –

Bei vielen genialen Menschen geht, ähnlich wie bei *Alfieri*, der eigentlichen schöpferischen Thätigkeit eine kürzere oder längere Periode tiefsten melancholischen In-Sich-Versunkenseins voraus; ganz ähnlich, wie auch bei den verschiedensten Formen von Geisteskrankheiten, besonders bei Tobsucht, ein melancholisches Initialstadium zu erkennen ist. Dieß hat wohl Niemand in bitterer Weise zu erfahren gehabt, als *Luther*. In der Zeit zwischen 1507 und 1508 war *Luther* im Kloster zu Erfurt in tiefster Apathie versunken. Angstzustände wechselten mit heftigen Selbstanklagen und religiösen Peinigungen ab. Dieß steigerte sich bis zur Nahrungsverweigerung; so daß eines Tages seine Zelle gewaltsam erbrochen werden mußte, und die Klosterbrüder ihn in einer Verfassung fanden, der wie der wörtliche Bericht lautet »dem Wahnsinn näher als jedem andern Zustand« war. Jeder Zuspruch war gänzlich verloren. Bis endlich nach etwa halbjähriger Dauer dieses schreckliche Leiden wich, und *Luther*, wie er glaubte, durch göttliche Erleuchtung plötzlich in seinen religiösen Zweifeln sehend wurde. Und nun tritt er, neugekräftigt, in die Oeffentlichkeit, und macht eben den Inhalt seines durchlebten Krankheitsprozesses und die Lösung, die er gefunden, zum Inhalt einer neuen Glaubenslehre. Dieß muß festgehalten werden, wenn wir Luthers Auftreten begreifen wollen. *Luther's* Lehre, daß wir nicht durch gute Werke oder Buße, sondern nur durch die Gnade Gottes Erlösung erlangen können – der Grund- und Eckstein der gesammten Reformation – war der direkte Ausdruck seiner geistigen Krankheit und der zuletzt gefundenen Heilung. Er, der sich kasteit, der gefastet, gebetet, gewacht hatte, um Ruhe in seiner Seele zu finden, aber umsonst, weil eben die Melancholie noch nicht abgelaufen war, findet nun plötzlich diese Seelenruhe wie eine Gnade vom Himmel sich geschenkt; und nun tritt er hinaus und schreit dieses Ergebniß mit Stentorstimme durch die ganze Welt. Der Satz von dem höheren Werth der Gnade Gottes war damals gar nicht so wichtig, oder etwa im Mittelpunkte des Interesses gestanden. Kein Papst und Theologe, selbst der bekannte *Tetzel* mit seinen Abläßen nicht, hätte bestritten, daß die Gnade Gottes mehr sei, als unsere Anstrengungen um die Seligkeit. Was diese Leute alle in die Opposition hineintrieb, war die Vehemenz, mit der *Luther* diese angeblich neue Wahrheit verkündete, und die fürchterlichen Invectiven gegen Rom, mit denen er seine Lehrsätze in die Welt schickte! Kein Mensch hat je so heftig gegen sich selbst gewüthet, als *Luther* in seiner Krankheit. Aber auch kein Mensch hat jemals so gegen die Außenwelt gewüthet, nachdem er selbst in seinem Inneren fest und sicher geworden. Ohne den Jähzorn *Luthers* wäre die deutsche Sprache nimmer das geworden, was sie ist. Aus *Luther's* Schriften kann man ein förmliches Schimpf-Lexikon zusammensetzen. Gegen diesen Cherusker in der Sprache, der noch dazu die Gewißheit hatte, daß Alles, was er gegen Rom schleudere, ihm von Gott befohlen sei, kamen die feinen italienischen Cardinäle nicht auf. Das war kein Kampf mehr auf gleich. Das war ein Verhältniß wie zwischen einem Dreschflegel und Zahnstochern. – Aber, wie gesagt: Ohne die Melancholie in der Erfurter Kloster-Zelle keine Reformation! Und nun erwägen Sie, was Alles von jener geistigen Störung in der Brust eines einfachen Bergmanns-Sohnes abhing! –

Ich komme zum Schluß. Wenn wir Alles, was an zweifelhaften Geisteszuständen bei genialen Menschen auf uns gekommen, hier besprechen wollten, wir würden vor drei Stunden nicht fertig. *Carlyle* sagt: Wenn man die Biografien großer Männer durchgeht, steht man vor einer großen Krankengeschichte. Wie sehr auch das Genie von der Mit- und mehr noch von der

Nach-Welt angestaunt und bewundert wird, es selbst ist nicht glücklich. Es lebt vereinsamt und im steten Kampfe mit sich selbst. Und jedes Genie könnte von sich selbst sagen, was *Heine* in tiefer Selbst-Erkenntniß aussprach:

>»Krankheit ist wohl der letzte Grund
>Des ganzen Schöpferdrangs gewesen;
>Erschaffend konnte ich genesen,
>Erschaffend wurde ich gesund.« –

Christus in psicho-patologischer Beleuchtung

Welcher Leute Kind er gewesen, scheint schwer zu ermitteln. Die Mutter war jedenfalls eine ganz einfache Frau, der das exaltirte Wesen ihres Sohnes, wie das sich gemeiniglich findet, höchst zuwider war, und die Alles tat, ihn einem sog. bürgerlichen Lebensberuf zuzuweisen.

Vom Vater wißen wir gar nichts. Und auch die lächerlichen und obszönen Legenden, wie sie sich, besonders in romanischen Ländern, an den Saint Joseph anknüpften, müßen hier, weil nichts zur Sache bringend, übergangen werden. In die gleiche Rubrik gehören natürlich auch die teils razionalistischen, teils spirituellem Bedürfnis entsprungenen Annahme, ein römischer Kriegsknecht, oder der »heilige Geist«, sei sein Vater gewesen. Den heiligen Geist hatte er im Leib, aber in ganz anderer Weise, als die Drei-Einigkeits-Konstruktöre im 4ten und 5ten Jahrh. meinten, die sich den heiligen Geist als eine Person, als Taube, oder wie später der Steinmez an der Würzburger Marienkirche, der ihn sich als Klistier-Sprize dachte.

Der psichjatrische Terminus, unter dem sich Christus uns darbietet, ist die paranoia[1]; die »primäre Verrüktheit«, oder, wie es Magnan nent, dégénération héréditaire. Langsam steigt das Krankheitsbild an. Früh zeigen sich exzentrische, nervöse, originäre Züge und Perversitäten. Eine starke Innerlichkeit läßt die eigene Persönlichkeit als über die Maasen wichtig, die Welt als voller Beziehungen auf das eigene Ich, erscheinen. Bald kommen Halluzinazionen, doch mehr innerlicher Art, als sog. »innere Stimmen«, die das längst gehegte und gepflegte innere Stimmungsbild auch äußerlich manifestiren; so die unumgänglich notwendige äußerliche Gewißheit von der Realität der inzwischen übermäßig angewachsenen Persönlichkeit und ihrer Anexa in der Außenwelt feststellend. Inhaltlich füllen sich diese »Stimmen«, die bald als Tesen und Sentenzen sich an das Publikum wenden werden, mit dem jeweiligen povren Bildungsgehalt, den die Zeit an die Hand gibt. Je weniger solche Leute, solche Schenies, wie Richard Wagner einmal treffend bemerkt, an Schulweisheit aufgenommen haben, je beßer ist es, um so prachtvoller entwikelt sich der patologische Keim, der bestimt ist, ganze Völkermaßen zu vergiften und geistig umzugestalten. Gegenüber der Originärität der Anlage ist ja das bischen ortodoxes Wesen oder transzendentales Hoffen, welches ein Volk gerade zu solcher Zeit bewegt, so unendlich unwichtig. Es ist wie bei der Seidenraupe, die ihren Faden am nächsten Weißdorn oder tiefer liegenden Gestrüpp anheftet, um das eigene glizernde Gespinst zu beginnen. Dieses Gespinst ist die Hauptsache, das Gestrüpp nebensächlich.

Es ist sonach ziemlich unwichtig, daß Jesus gerade an den Meßiasglauben seiner Zeit anknüpfte und sich mit den alten, vertrakten Puppen eines unsäglich harten und egoistisch gestalteten, judaischen Glaubenssistems herumschlagen mußte. Mit der Sicherheit des Ingeniums und dem unfehlbaren Instinkt des Paranoïkers substituirte er sich selbst als der Kommende, als der Meßias, ahnungslos der Graßheit dieser Anmaasung für ein in seinen ortodoxen Anschauungen hart und steril gewordenes Volk wie die damaligen Juden. Und was er für alte Götterbilder damals zerschlug und von den Postamenten stürzte, kam ja noch viel weniger in Betracht.

Denn seine neuen Versinnbildlichungen und Figuren waren ja unendlich viel schöner und zivilisirter. Und »sein Vater im Himmel« unterschied sich von dem alten, cholerischen, jüdischen »Jehova«, wie ein Tedeum von der bluttriefenden Stätte eines Menschenopfers.

Wir haben hier eines jener psichischen Ur-Fänomene vor uns, wie sie zwar nicht selten sind, aber doch selten in so befruchtender Weise in die Geistesgeschichte von Völkern eingreifen und deren Gemütslage bestimmen. Dieses Identifiziren der eignen, heftigen und nicht zu bewältigenden Gefühle mit »Gott«, oder irgend einem hochklingenden Simbol – hier, wenn den Evangelien zu glauben, »der liebe Vater im Himmel« – ist das Urbild eines geistigen Prozeßes, die psichische Zwangslage eines nach Gründe suchenden, innerlich heftig bewegten Menschen, der Saz des zureichenden Grundes nach Innen gekehrt und antropomorfisirt, wie wir ihn heute fast mit experimenteller Sicherheit erweisen können. Wir finden das Fänomen bei allen Religionsstiftern, bei Muhamed, bei Buddha, bei Swedenborg, bei Fox, – wir finden es bei Allen, die plözlich in überzeugender Weise ganze Völkerschaaren an ihre Befehle geheftet: beim heil. Franziskus, bei der Jungfrau von Orleans, bei Louise Lateau; wir finden es in den Kreuzzügen, bei den sektirerischen, kommunistischen Auswanderern nach Amerika im vorigen Jahrhundert, – wir finden es bei den kezerischen Begharden im 14. und 15. Jhrh., und bei der ganzen Gruppe, die die religiösen Umwälzungen im 16. Jhrh. hervorgebracht haben, bei Nikolaus Storch, bei Thomas Münzer, bei Hans Böhm, bei Luther, bei den Wiedertäufern u.a. – und wir finden es schließlich bei den visionären Epileptikern in den Irrenanstalten, deren »Himmels-Erscheinungen« und »Offenbarungen« an Kraft und Schönheit in Nichts den gleichen psichischen Leistungen der christlichen Heiligen und Büßer in den Klöstern nachstehen. Daß also Christus sich auf »seinen lieben Vater im Himmel« beruft, ist bei aller prächtigen, künstlerischen und poetischen Wirkung nur ein klinischer Spezialfall in der Weltgeschichte für ein psichologisch feststehendes und gesezmäßig eintretendes Ereignis in unserer Psiche. –

Wie er aber dann das Resultat seines jünglinghaften Empfindens und Denkens, die Frucht Jahre-langer Isolirtheit und melancholischer Anwandlungen, die Stimmung einer ganz reinen, von sinlichen Regungen freien, fast homosexual gearteten, dabei glücklich und heiterveranlagten Seele in seinen lehrhaften Gesängen und Preisungen einer menschenumfaßenden, selbstlosen Nächstenliebe aushauchte und ausströmte, das war von einer Innigkeit, Süßigkeit und von einer Neuheit, daß man glaubte, die Nachtigall schlagen zu hören; hier lag der Punkt in seiner Psiche, wo er nicht zu überwältigen war; hier war die Note angegeben, mit der er prädestinirter Sieger war; jedem Feind gegenüber; hieße er Staat oder kirchliche Ortodoxie; denn Selbstlosigkeit einer Sache ist die unbedingteste Garantie für den Sieg der Sache selbst; und der Versuch, den Träger der Sache noch zum Märtirer zu machen, beschleunigt und und verstärkt nur noch den Sieg. Hier zeigt sich aber auch die gänzliche Unabhängigkeit und Intaktheit des Gefühlslebens von allen logischen Fehlern und funkzionellen Verkehrtheiten des Verstandes, eines Verstandes, der längst bei Jesus, wie sein schroffes Sich-Gegenüberstellen gegen die Staatsraison zeigt, dem Bereiche deßen, was wir heute empirisch »Geisteskrankheit« nennen, verfallen war: die Primordialität des Gefühlslebens vor dem Verstandesleben. Und ähnlich, wie wir oft bei sog. moral insanity das Anwachsen des Verstandes zu einer glänzenden Höhe beobachten können, sehen wir hier bei ausgesprochener Eingeengtheit des Verstandes die Brunnen und Schleußen eines überwältigenden Gefühlslebens sich öffnen.

Nur ein einzigesmal hat sich später in der Weltgeschichte die Anstekung der Maßen von dem Gefühlsinhalt eines Einzelnen nocheinmal in dieser Weise gezeigt: bei Franz von Aßisi; freilich in Form einer Wiederholung, und in flacherer Weise, und ohne die verstärkende Hülfe des Märtirertums. Doch der Kampf stand noch bevor.

Nachdem er Jahrelang in der Einsamkeit verhart und dort – wie Luther, wie Mahomed, wie Savonarola – wie alle diese paranoïschen Geister, von einer fabelhaften geistigen Selbstsucht geplagten jungen Menschen – mit dem Teufel gerungen und alle Versuchungen abgeschlagen, und das Sistem des Selbst-Wahns gegen alle Feinde der Logik und der raison sieghaft ausgebaut, und den Prozeß der süßen Selbst-Vergottung glücklich zu Ende gebracht, tritt er hinaus, gegen alle Lapalien alltäglicher Zänkerei und Schelsucht gewapnet und im Besitz einer schneidig-satirischen Dialektir-Kunst, und fängt an, sich seinen Mitmenschen aufzuoktroiren. Hier tritt er harmlos in den Tempel ein und mischt sich unter die Oponenten. Dort harangirt er, als ein echter Agitator, wie ein zweiter Laßalle, wie ein zweiter Richard Wagner, die Menge, die diesem süßen, blutleeren Jüngling nicht widerstehen kann. Ueberall, wo gerade Gelegenheit ist, beim Fischfang, auf der Hochzeit, bei Leichenbegängnißen, an der Zöllner-Schranke, während der Sabat-Ruhe greift er ein, knüpft an die kleinen Tages-Ereigniße an und wirft, wie Sokrates, den Harmlos-Dahin-wandelnden seine scharfen Antitesen in den Weg. Auch die tricks damaliger Wundertäter – die unvermeidliche Zugabe, um sich das air eines Uebermenschen, eines Geistesgewaltigen, eines Zauberers zu geben – hat er sich alle zu eigen gemacht und beherscht sie mit großer Bravur und Eleganz. Gar aber, wenn er eine glükliche corona junger Landmädchen, erschöpfter Arbeitsfrauen, gutmütiger Prostituirten und naiver Taglöhner um sich versammelt hat, und darf sie die ganze zauberische Wirkung seiner innersten Herzensregungen mit einem »Selig sind die Friedfertigen! Selig sind die Armen! Selig sind die reines Herzens sind!« spüren laßen, und nimt von diesen geplagten Proletarier-Naturen die Angst und den Schimpf ihres

Daseins, und öffnet ihnen den Himmel, der eigens für sie, mit Ausschluß der Reichen, bereitet ist – dann hat er sie Alle. Welcher Unterschied muß zwischen diesen rührenden Lauten eines Galiläischen Naturgefühls und dem harten, silbenmeßenden Gezänk ortodoxer Tempelgelehrten für diese Zuhörer bestanden haben! Wie mußten sie sich beglükt, von diesem äterischen jungen Menschen entzükt und begeistert fühlen! Haufenweise liefen sie ihm nach, wie später dem Pfeifer von Niklashausen am Ende des 15. Jhrh., wo immer er die süße Flöte seines Herzens ertönen ließ, schwuren hoch und heilig auf ihn, glaubten ihm alles, was er verlangte, seine Davidische Abkunft wie seine Gottes-Sohn-schaft und sein zukünftiges kommunistisches Himmel-Reich, welches er auf Erden eröffnen werde – auf ein bischen Mehr oder Weniger kam es da nicht mehr an – und bald konte er die Provinz und das organisirte Landvolk gegen die prozige, schwelgende Hauptstadt im Sturm heranführen.

Dort war man allerdings aufmerksam geworden. Dies schien eine gefährliche Nummer. Aehnliche Geschichten kamen ja alle Tage vor. Bei der allgemeinen Unzufriedenheit, den wirklich niederträchtigen politischen Verhältnißen und der stumpfen Gleichgültigkeit gegen Alles, auch das Tollste, bei einem geknechteten, geistig unterdrükten Volk, kam es alle Augenblik vor, daß ein Verwegener oder Exaltirter den Straßenpöbel an sich zog, ihn hinausführte auf das steinige, sterile flache Land, dort harangirte und durch Hunger schwächte, um dann die solchermaasen zur Aufnahme jeder Sugestion Bereiten und Halb-Wahnwizig-Gewordenen im Sturm gegen die Stadt zu führen. Wiederholt war es geglükt, und das Proletarjat hatte sich dann in den Besiz des Stadtregiments gesezt. Meist aber avertirten die ortodoxen Teokraten, die hier ein politisches Scheinregiment führten, den römischen Landpfleger und baten um den »weltlichen Arm«. Römische Reiterei ward dann hinausgeschikt und die Entkräfteten und schlecht Bewafneten einfach zusammengehauen.

Daß es sich hier bei Jesus vom Standpunkt der Staatsräson – und welchen anderen solte es denn geben? – um einen Aufrührer ganz ähnlicher Art handelte, das war außer allem Zweifel. Aber die große Menge, um die es sich hier handelte, die zahlreichen Agitazionsreisen, die er gemacht hatte, das Aufflakern der Empörung auf allen Seiten, in verschiedenen Provinzen, die lange Vorbereitungszeit – zwei Jahre –, die die Bewegung genommen hatte, gab der Regierung doch zu denken.

Man probirte zuerst, ihn von der schwachen Seite zu nehmen und ihn sanft zu entwafnen, indem man sein – Gott wie ärmliches und offenbar verrüktes! – Lehrsistem widerlegte; und schikte ihm Farisäer auf den Weg. Aber siehe da, die waren dem Jungen nicht gewachsen. Sein Lehrsistem und seine Dialektir-Kunst, das waren seine starke Seite, nicht seiner schwachen Seite. Und wie gab er ihnen hinaus! Ein echter Paranoïker, der, troz der in seiner Psiche wuchernden grandiosen und graßen Wahnideen, seinen Intellekt zu einer scharfen, ja glänzenden Verteidigungswaffe umgeschmiedet hatte. Belzebub? Wie hat er ihnen den Vorwurf des Teufelsbündnißes hinausbezahlt und seine rührendreine Seele diesen geistigen Schmuzfinken entgegengehalten!

Was solte man nun tun? Irrenhäuser gab es nicht. Die »kranke« Psiche wurde zudem teologisch konstruirt. Psichjater gab es noch weniger. Aber Staatsanwälte gab's. Die gibt es immer. So griff man denn zum Gotteslästerungsparagrafen. Das ist ja in solchen Fällen immer das Einfachste. Das Gouvernement sucht sich einen Paragrafen heraus, unter dem man den unangenehmen Menschen definitiv losbekomt. Ist zufällig die Totesstrafe nicht eingeführt, dann wendet man juristisch die Sache so, daß wenigstens 15 Jahre Zuchthaus herauskommen. Inzwischen wird er geisteskrank oder die Disziplin bringt ihn um. So oder so! Auf dem Gericht ist man ja seiner Sache sicher. – Hier lag die Sache noch günstiger, weil auf Gotteslästerung – und hier war er zu überführen – die Totesstrafe stand. Dann war auch diese Bewegung niedergeschlagen, und der bürokratische Aparat hatte wie in so vielen früheren Fällen zur vollständigen Zufriedenheit funkzionirt.

Aber der Wahnsinn machte in dem Kopfe unseres heldenmäßigen Jünglings reißendere Fortschritte, als die Herrn sich in Jerusalem träumen ließen. Als er sah, daß die psichische Anstekung seines Gottes-Reiches auf Erden zu langsam vorwärts schreite und sich vertrötle, daß er aber die Volksmaße noch hinter sich habe, wagte er den coup und führte, wie Masaniello, seine Anhänger zum Sturm. – Die Evangelisten haben in ihrer Jahrhunderte-langen Verzuke-rungs-Arbeit diese Tat zu einem süßen Frühlings-Einzug mit Palmwedeln und weißgekleideten Mädchen gewandelt; als ob eine politische Herrschaft und eine römische Besazungstruppe mit Palmwedeln fortgeweht werden könne! – Im ersten Ansturm warf er Alles nieder. Und faktisch bestand für einige Tage, für einige Wochen, seine Teokratie, wie später die Savonarola's in Florenz, zu Recht. – Daß er das prästirte, mit seinem kranken Hirn, muß die Bewunderung jedes Kenners, jedes Psichjaters hervorrufen. – Aber wie ist denn bei diesen halb intelligenten, halb impulsiven Naturen Alles oft wunderbar gemischt! Man denke doch an Knipperdollinck und seine Leute, die ein halb politisch-, halb religiös-erotisch-fantastisches Reich s. Z. in Münster mit der größten Ehrlichkeit und zugleich mit der durchtriebensten Schlauheit über Jahresfrist hinaus führten und prästirten! Oder an jenen Zwickauer Tuchmacher Nikolaus Storch, der mit Halluzinazionen beladen Jahrelang in Mitteldeutschland umherzog und überall die Geister auf-fegte! Es gibt eben Zeiten, da sind Halluzinanten nicht mit Gold aufzuwiegen, und sie, ihre weichen mit wunderbarer Gestaltungskraft begabten Naturen, die einzige Möglichkeit, die in ihres Herzens Härte und Schädels Dike vollständig steril gewordenen Maßen mit neuem Geist zu erfüllen. Juristen möchten in solchen Fällen, wenn dieselben vor ihr Forum kommen, im-mer unterscheiden, was noch dem »freien Willen«, der Zurechnungsfähigkeit mit den normalen Hemmungen, und was der unwiderstehlichen Impulsivität – was sie »Krankheit« nennen – zu-komt. Als ob man das scheiden könne! Einem Psichologen graut es vor solchem Verfahren. Was sind Halluzinazionen? Es sind autochtone Aeußerungen der menschlichen Psiche, die uns mit den verborgensten Tiefen der menschlichen Seele bekant machen, der lezten Instanz, die wir als bewußte Wesen besizen. Sind sie religiös gefärbt, dann sind sie unbesiegbar. Weil sie auf gleiche Tiefen und Urgründe bei den zuhörenden Maßen stoßen. Werden sie aufgenommen, dann sind sie »die Wahrheit«. Wie M. Jacobi schon richtig sagte: »Der Wahnsinn, wenn er epidemisch wird, heißt Vernunft.« – Die Halluzinazionen und Visionen Mahomed's bilden die reale Grundlage für das islamitische Glaubenssistem. – Solche Leute nach der Regulatur juristi-scher Nominalismen behandeln wollen, heißt einen Riesen mit dem Lineal meßen, heißt ein Kunstwerk nach dem Materjal abschäzen, aus dem es hergestellt ist, heißt etwa: dem Vorspiel zu »Lohengrin« mit einem fisikalischen Lehrbuch über Akustik zu Leibe gehen wollen. – Verfaßer erinnert sich noch lebhaft einer prächtigen Figur in der Münchener Kreis-Irrenanstalt, eines armen Feilenhauers B., deßen Schulranzen, wie begreiflich, mit den poversten Bildungsmitteln ausgestattet war. Er war, abgesehen von seinen paar Wahnideen, nach der intellektuellen Seite vollständig intakt. Seine räsonirende Kraft war frisch und klar. Nach der Gefühlsseite, nach der sensoriellen Seite, nach der Seite der Eingebungen und Ahnungen hatte er sich vollständig zur Christus-ähnlichen Figur mit jenen wunderbaren Allüren der Milde und der bestrikenden Sanftmut herangebildet. Jahre lang war er Landauf Landab gezogen, um sein ungeheures Ge-fühl seiner meskinen Umgebung, seiner eigenen Armut anzupaßen. Und endlich ging's nicht mehr. Und jetzt stand er dort mit brennendem Blik, mit der ganzen Glut seiner Seele den Arzt umklammernd, bereit, Alles für die Heiligkeit seines Inneren zu opfern, eines Inneren, welches er mit ein paar Jugenderinnerungen, mit einigen Schulkentnißen vollständig in der rührendsten Einfalt durch einige heiligmäßige Sentenzen zu gestalten im Stande war. – Das ist das Menschenmaterjal, aus dem Religionsstifter geschnizt werden. Religionen sind relative Gei-steswerte und -Wahrheiten, die einen günstigen Boden zum Fortwuchern finden. Es gibt keine absolute Wahrheiten. Es gibt nur das relative Maas von Selbst-Offenbarung im Menschen, und die Anstekung durch die Maßen. Dieser junge Mann in Zeiten der Not, der Trübsal, der Angst, der allgemeinen Misere hinausgelaßen, unterwirft sich mit seiner keuschen Geste, mit einer der allgemeinen Trübsal angepaßten, überirdischen Sentenz, Dorf auf Dorf und Fleken auf Fleken. Dieser Feilenhauer hatte eine feinere Figur gemacht als der hämische Tuchmacher Nikolaus Storch im 16ten Jhrh., der sich Landstrich um Landstrich unterwarf, und sogar einen Mann wie Melanchthon tief erschütterte. –

Aber in Jerusalem stand die Reakzion bevor, und die Behörden hatten nach der ersten Ue-berraschung sich rasch ralliirt. Wie hier Verstärkung der Energie, so war auf der andern Seite, bei Jesus, Erschlaffung nach einer furchtbaren geistigen Leistung eingetreten. Und wenn eine Sache nicht vorwärts geht, dann geht sie immer zurük. Was konte der unvergleichliche Jüngling, der mit dem Frühlingssturm seines Gefühles Alles vor sich her niedergeworfen und begeistert hatte, in dieser weitausgedehnten Stadt an Staatseinrichtungen schaffen, an praktischer Teokratie leisten? Mit was wolte er den troknen bürokratischen Aparat, der hier das tägliche Leben in Ordnung hielt, und der doch nicht in seinen Händen war, ersezen, er, der nur Seligpreisungen hauchen, oder, im günstigsten Fall, harangiren und fanatisiren konte. Bei der französischen Komune handelte es sich um Leute, die an Ort und Stelle gelebt hatten, den Gang der Geschäfte kanten und ihn, tant bien que mal, wenigstens aufrecht erhalten konten. Aber hier handelte es sich um Fischer – wie in Portici bei Masaniello –, um Fischer, um Handwerker, um einen Haufen zusammengelaufenen, gutmütigen, aber gänzlich unfähigen Volks. In solchen Fällen ist die Niederschlagung des Putsches immer mit Sicherheit zu erwarten. Und hier speziell handelte es sich zunächst nur darum, den Anstifter der ganzen Bewegung, den actor rerum, den fanatischen und kranken Kopf in seine Hände zu bekommen. Das Uebrige wolte nicht viel heißen. Auch hatte die Bewegung, wie es scheint, sehr bald darauf verzichtet, das Innere Jerusalems als sein Eigentum zu betrachten, und sich in die Umgebung geflüchtet. Die Verhaftung Jesu gelang anscheinend ohne Schwierigkeit. Eine Patrouille wurde, sobald man seinen Aufenthaltsort erfahren, hinausgeschikt und nahm ihn in Empfang. Im Nu war, als die Realität der Tatsachen hereinbrach, der ganze Haufe der Anhänger zerstoben.

Nun wäre die Sache einfach gegangen und bei der Unkomplizirtheit des Falles – die einfache Ueberführung des geständigen Gotteslästerers – die Angelegenheit in wenigen Tagen erledigt gewesen, wenn nicht endlose Kompetenzschwierigkeiten zwischen dem Synedrium, der jüdischen Religionsbehörde, und der römischen Exekuzion bestanden hätten, und, wie das immer so geht, eine Menge kleinlicher Intereßen sich bei dieser Gelegenheit auf fremde Kosten zu regeln unternommen hätten. Die römische Behörde mit ihrer alten kolonisatorischen Schulung und ihrem großartigen Blik für Parität vermied es ängstlich, sich in die religiösen Streitigkeiten dieser Duodez-Völkchen zu mischen, auch wenn ihr der örtliche Kult – der nicht einmal eine Ausbeute nach der sinlichen Seite für Rom erlaubte – weniger widerwärtig gewesen wäre. Und die jüdische Kult-Behörde andererseits hielt streng auf die Selbständigkeit und die Unverlezlichkeit ihrer Anordnungen im Hinblik auf die Pastorisirung des Volkes, die einzige Freiheit, die ihr geblieben war. Zwischen diesen beiden Gewalten war also die Möglichkeit einer Kolision, eines Kompetenzstreits, sozusagen ausgeschloßen. Und nur in einem Punkt verbat sich die römische Exekutive ernstlich jede Inanspruchnahme des weltlichen Arms: im Fällen von Totesurteilen und deren Vollziehung wegen angeblicher religiöser Vergehen. Einem Staat, wie dem römischen, dem längst die eigene Landes-Religion augurenhafter Mumpiz geworden war, und der aus dem großen Reservoir seiner asiatischen Provinzen Alles das zusammengetragen hatte, was an erotisch gefärbten Kulten und religiösem Sinneskizel sich für Rom exportfähig erwiesen hatte, mußte es abstrus und unanständig vorkommen, Jemanden wegen religiöser Meinungen hinzurichten. Nun war Jesus nach dem jüdischen Gesez zweifellos überführter Gotteslästerer. Und auf Gotteslästerung stand nach dem jüdischen Gesez Totesstrafe. Wie aber diese Totesstrafe vollziehen, da der weltliche Arm religiöse Hinrichtungen auszuführen sich weigerte? Jezt entstand die große Frage: unter welchem Paragrafen bringen wir den Menschen unter? Ein Gelaufe und Gefrage nach einem Paragrafen. Ein Paragraf, ein Paragraf! Irgend ein Paragraf, der die Anwendung der Totesstrafe gestattet. Glücklicherweise hatte Jesus in einem unbewachten Moment auch Etwas von einem »König« gesprochen, »König der Juden«. Dies schien politischen Beigeschmak zu haben. – »Bist du der König der Juden?« fragt ihn Pilatus. – »Du sagst es!« – Nun schien's gewonnen. Und nun entstand jenes widerwärtige Gezeter und Gelaufe von Behörden und Gerichtsdienern, jenes verlogene Plädiren gekaufter Advokaten, jenes Augenzwinkern und Akten-Umregistriren, jenes Aussuchen von Strafkammern, jene scheußliche Wühlarbeit von agents provocateurs, die die Maße zu einem »Kreuzige!« aufstachelten, und Taggeldsüchtiger Kronzeugen, die zu jeder Wortverdrehung bereit waren, jenes Telegrafiren nach neuen Zeugen und Instanzengeschiebe, bei dem dem Staatsanwalt der Kopf brumt – denn wenn er den Prozeß verliert (es ist ein politischer Prozeß und die Verurteilung von der Behörde befohlen), dann ist es mit dem Avancement vorbei. Jeder Tag bringt eine neue Konstellazion, jede Stunde einen Paragrafenwechsel. Der »Meßias«-Paragraf, und der »Gottes-Sohn«-Paragraf, und der Paragraf, unter den fält, daß er gesagt habe: »er wolle den Tempel in drei Tagen abbrechen«, sind alle fallen gelaßen worden. Es geht mit dem »Gotteslästerungs«-Paragraf nicht. Jezt komt der »Majestätsbeleidigungs«-Paragraf. »König der Juden.« So geht's, wenn's geht.........

Und es ging. Zwar Pilatus, ein ruhiger, trokner Beamter, dem dieses ekelhafte Gezeter bis in der Seele zuwider war, merkte genau, wo man hinaus wolle. Er erkante sofort, daß das Alles juristischer Schwindel und Humbug war, dieses Hinüber-Spielen auf's Politische, erbärmlicher Paragrafen-Wechsel und Rechtsbiegung. »Was hat er denn Uebels getan? Ich finde keine Ursach an diesem Menschen!«– Aber die Maße war doch zu drohend. Die Agenten des Synedriums hatten furchtbar gearbeitet. Jezt fing die Sache wirklich an, politisch zu werden. Und dann: das Bischen Jesus. Noch dazu aus Galiläa. Ein Provinzler. Ein Handwerker.

Ein Proletarier. Und offenbar krank. Das war das Leben dieses Mannes nicht wert, daß auch noch ein politischer Aufruhr entstehe. – Am Ende die Aufforderung zu einem Immediat-Bericht nach Rom? – Eine krumme Miene des Kaisers? – o Gott!......

Und so starb Jesus. Starb den Tot durch Henkershand. Ein Paranoïker. Aber ein Geistesheld, der mit der ganzen zähen, nie wankenden Kraft des paranoïschen Wahns seine Ideen bis zum lezten Blutstropfen verteidigt; indem er als Märtirer fält, die Maßen mit dem Inhalte seines Wahns anstekt, und so der »Geisteskrankheit« eine fast 2000jährige Dauer von »Wahrheit« verschaft.

Er starb wie Sokrates, wie Savonarola, wie Hus, wie Servet, wie Sand, wie die Perowskaja, wie Angiolillo, in dem als psichisches Fänomen einzigen und unvergleichlichen Bewußtsein, nur durch den Tot einer idealistischen Idee zum Siege zu verhelfen.

Die Evangelienschreiber haben den Prozeß der Legendisirung an diesem wunderbaren Anarchisten bis zur Uebersüßung und Rührseligkeit vollzogen. Und das Meiste an diesem herlichen Charakterbild ist verschwommen und unsicher. Aber Eines scheint sicher zu sein: Das allmäliche und ruhige Aufwachsen und Keimen des eigentümlichen Ideengehalts bei ihm, das echt paranoïsche, primär durch die Vererbung gegebene und dann mit konsequenter Sicherheit bis zur Felsenhärte fortschreitende Anwachsen jener Ideen, jenes Wahns, jenes geistigen Fixums, das sich die Welt unterwerfen wird, – und dann das nunquam retrorsum! das Niemals zurük! auf dem einmal eingeschlagenen Pfade geistiger Entwiklung, das Aushalten bis zum lezten Moment:...... »Du sagst es!« –

Und dies muß ihm selbst der Ateïst, der Psichologe laßen. Daß er in Jerusalem vor dieser erbärmlichen Sorte von Advokaten, Winkelschreibern, Polizisten, Staatsbeamten, Doktoren, Geheim-Spizeln und Bürokraten, von denen jeder auf einen Wink des Kaisers für eine Gunstbezeugung, einen Orden, eine Gehaltserhöhung Alles, aber auch Alles getan hätte, nicht zurükhufte, keine Konzeßion machte, nie um Gnade bat, sondern als einzige Verteidigung diesen Kasuisten das blanke Ehrenschild seiner reinen Absicht und seiner rührenden Herzens-Güte entgegenhielt, das wird ihm zum unauslöschlichen Ruhmestitel gereichen, wenn längst der lezte Leipziger Ortodoxen-Schädel im Grabe vermodert sein wird.

Verlag der Zürcher Diskußionen.

Meine Verteidigung in Sachen »Das Liebeskonzil«

Allgemeine Zeitung, München, vom 12. Januar 1895:
Von der k. Staatsanwaltschaft ist das im Verlage von J. Schabelitz in Zürich erschienene vielbe-sprochene Buch des Schriftstellers Dr. Panizza »Das Liebeskonzil« mit Beschlag belegt worden.
Neue Bayerische Landeszeitung, Würzburg, vom 17. Januar 1895 über »Das Liebeskonzil«:
Es ist ein noch größerer Unflat als das andere Buch desselben Verfassers »Der teutsche Michel und der römische Papst«. Sein Gemälde ist nur mit Kot, Spinat und »Rhinozerosöl« gemalt. Wenn solche Bücher konfisziert und verbrannt werden, ist es nicht schade darum.
Oskar Panizza am 15. Februar 1895 auf einer Postkarte an Max Halbe:
Meine Sache steht ziemlich aussichtslos. Ich komme im März vors Schwurgericht, und der Staatsanwalt wird beantragen ein Jahr Gefängnis und sofortige Verhaftung – wenn nicht das Ausland einen Strich durch die Rechnung macht. Juristische Ansicht steht gegen juristische Ansicht. Meine Freunde und einige Juristen raten mir fortzugehen. Aber die kennen einen deutschen Schriftsteller von heute nicht, die meinen, der ließe sich die Gelegenheit zu einer – Rede vor den Assisen entgehen. Ich werde mich wehren wie eine Hyäne.

Meine Verteidigung in Sachen »Das Liebeskonzil« vor dem königlichen Landgericht München 1 am 30. April 1895[2]
Der Gottesbegriff gefälscht;
der Moralbegriff gefälscht!

Nietzsche, Antichrist

Meine Herren Geschworenen! Als Nicht-Jurist kann ich mich zu der Formfrage, zu der Frage hinsichtlich Zuständigkeit eines deutschen Gerichtshofes in diesem Falle nicht äußern. Wie ich aus Privatäußerungen namhafter Juristen weiß, sind kompetente Beurteiler in dieser Sache von zueinander durchaus kontradiktorischer Ansicht; da es sich um Ungültigmachung eines ganz klaren Paragraphen des deutschen Reichsstrafgesetzbuchs handelt, wonach eine im Auslande begangene und dort nicht strafbare Handlung auch im Inland nicht verfolgt werden kann. Sich nach dieser Richtung zu äußern, wird Sache meines Verteidigers sein. Ich kann mich nur nach der rein menschlichen Seite, nach der künstlerischen und ästhetischen Seite zu dem Fall äußern. Und da Sie, meine Herren, ebenfalls Nicht-Juristen, ebenfalls die rein menschliche Seite des Falles beurteilen sollen, so glaube ich, daß wir hinsichtlich des Ausgangspunktes unserer Erwä-gungen nicht zu weit voneinander abstehen dürften und uns bald verständigen werden.

Ich glaube nun, ich werde Sie am besten über meine Absicht bei der Abfassung der vorliegen-den Schrift aufklären, wenn ich Ihnen kurz erzähle, wie ich zu dem Vorwurf gekommen bin.

Sie wissen, meine Herren, daß Ende des fünfzehnten Jahrhunderts in Italien, und später auch in Deutschland, eine Krankheit epidemisch auftrat, die die furchtbarsten Zerstörungen am menschlichen Körper verursachte, die, wie es scheint, ursprünglich nicht auf geschlechtli-chem Wege sich fortpflanzte, später aber fast ausschließlich durch sexuelle Vermischung ihre Verbreitung fand, die alle Stände, Hoch und Nieder, ergriff, und die man die »Lustseuche« nannte. Man wußte nicht, woher sie kam. Der Eindruck auf die Gemüter war ein gewaltiger. Die Chroniken damaliger Zeit sind voll von entsetzlichen Schilderungen über die Verheerungen geistiger wie körperlicher Art. Ein Heilmittel gab es nicht, und fliehen konnte man auch nicht. Es war in gewissem Sinne schlimmer als beim »schwarzen Tod«. Dort kannte man den Gang der Seuche und konnte in nicht verseuchte Länder entfliehen. Aber hier trat eine Krankheit fast überall gleichzeitig auf. Und wie es zu gehen pflegt, wenn man keine diesseitige Ursache kennt, konstruiert man eine jenseitige. Und so glaubten denn die damaligen Völker, die »Lustseuche«

sei ein göttliches Strafgericht. Und da sie die Beziehungen der Krankheit zum geschlechtlichen Verkehr doch bald herausgefunden hatten, so konstruierten sie sich die Sache so, daß sie sagten: das göttliche Strafgericht erfolge wegen der sinnlichen Ausschweifungen und geschlechtlichen Exzesse der Menschen. Daher der Name »Lustseuche«. Und so finden wir bei einem Chronisten, einer der prominentesten Persönlichkeiten damaliger Zeit, einem Kampfschriftsteller und Dichter, der selbst ein Buch über die »Lustseuche« geschrieben, bei Ulrich von Hutten, aus dem Jahr 1519 die folgende Stelle: »Es ist got gefellig gewesen, in unsern tagen kranckheiten zu senden, die unsern vorfaren unbekant seint gewesen. Da bey haben gesagt die der heiligen geschrift obligen, das die blatteren uß gotz zorn kumen seint, und got damit unsere bösen berden straffe und peynige.«[3] – Ich habe diese Stelle als Motto dem Buch vorangesetzt, um gleich darauf hinzuweisen, um was es mir zu tun war: daß es mir nicht auf gotteslästerliche Dinge und Unflätigkeiten ankam, sondern auf das Erfassen der eigentümlichen Situation, in der sich die Menschen damals befanden, einer Situation, die mir, als früherem Arzt, natürlich besonders nahe lag.

Nun erwägen Sie, meine Herren, daß jemand, der von dieser Stelle ausgeht und der auch sonst den Verlauf dieser schrecklichen Krankheit aus der damaligen Zeit kennt, bei dem Versuch, sich historisch zu orientieren, auf die merkwürdige Tatsache trifft, daß derjenige Hof, an dem die weitaus stärksten geschlechtlichen Exzesse begangen wurden, der päpstliche war; und daß diejenige Persönlichkeit, die sich den tollsten Orgien in geradezu unglaublicher Weise hingab, der Papst Alexander VI. war; und dies, obwohl wenige Meilen von ihm entfernt, in Florenz, ein Bußprediger vom Range Savonarolas lebte, der ihn auf sein Lasterleben Tag für Tag aufmerksam machte. Erwägen Sie ferner, daß dieser Papst, der, wie alle seines Geschlechts, von seiner Göttlichkeit ganz erfüllt ist, sich »Sohn Gottes«, »Stellvertreter Christi«, »Gott auf Erden« nennt, »der mit Gott im Himmel direkte Beziehungen unterhält«, sich nicht scheut, Kardinalsstellen an Weiberlieferanten auszuteilen, öffentlich in Rom drei Mätressen zu unterhalten, und schließlich Savonarola, um den unbequemen Prediger, der eine Kardinalsstelle ausgeschlagen hatte, loszuwerden, aufhängen zu lassen. Und dies, während die entsetzliche Krankheit in ganz Italien wütet, von der das Volk, die Gelehrten, die Theologen behaupten, daß sie von »Gottes Zorn« verhängt sei, verhängt sei aus Strafe für die Unkeuschheit der Menschen. Und auf dem Stuhl Petri sitzt als Papst, als Oberhaupt der Christenheit, das nach römischer Lehre »direkte Befehle von Gott empfängt«, ein Mensch, der der schlimmste dieser Exzedenten ist, auf den nur das Wort »Unkeuschheit« anzuwenden fast lächerlich klingt[4].

Rücken Sie diesen ganzen Stoff in unsere heutige von Skeptizismus und Unglauben erfüllte Zeit. Lassen Sie dieses Zusammentreffen von historischen Momenten als künstlerischen Vorwurf in die Hände eines modernen Menschen fallen, der – vielleicht zu seinem Unglück – zur Satire veranlagt ist, und dann frage ich Sie, meine Herren, wie würden Sie die Dreieinigkeit geschildert haben, und was für eine Vorstellung hätten Sie sich von den Gottheiten im Himmel gemacht, die unter solchen Umständen die »Lustseuche« als Strafe für die Menschheit auf Erden schickten?

Ich möchte aber noch eine Untersuchung anderer Art anstellen. Es hat, meine Herren, zu allen Zeiten und bei allen Völkern nicht an Versuchen gefehlt, das Göttliche in den Bereich der Kunst zu ziehen und es darzustellen. Und da wir, auch bei Darstellung des Höchsten und Erhabenen, immer auf die täglichen Bilder unserer Umgebung angewiesen sind – da wir doch über unsere Erfahrung nicht hinaus können –, so haben alle Maler und Dichter und Bildhauer stets die Modelle für ihre Darstellung des Göttlichen auf Erden gesucht. Dürer hat aus seinen Madonnen deutsche Blondinen gemacht und Murillo feurige Spanierinnen. Dante hat in seinem großen erhabenen Epos seine transzendentalen Reiche ebenso mit Italienern gefüllt, wie die französischen Mysterienspiele ihre Teufel mit gallischem Temperament begabten. Und da, wo jemand einmal versuchte, das Göttliche unter Verzicht auf alle sinnlichen Formen darzustellen, wie Klopstock, da blieb er in lauter abstrakten Gedanken-Formen und in der rein sprachlichen Wirkung stecken. – Nun aber, meine Herren, werden Sie mir nicht widersprechen, wenn ich sage: Die Satire ist eine ebenso berechtigte Kunstform wie jede andere, das Pathos so berechtigt wie das Melos, der Gang auf dem soccus so berechtigt wie der Schritt auf dem hohen Kothurn. Und wenn jemand eine Satire, eine göttliche Satire, eine göttliche Komödie schreiben will, so ist er eben, wie jeder andere Künstler, auf menschliche Vorbilder angewiesen. Er muß die kleinen grotesken Züge, die er an Menschen beobachtet, auf das Göttliche übertragen. Nun glaube ich, Ihnen schon oben genügend dargelegt zu haben, ein wie eminent satirischer Stoff der Ausbruch der Lustseuche im Abendland, bei dem gleichzeitigen Verhalten des Papstes und dem Urteil der Zeitgenossen hinsichtlich der Ursachen des göttlichen Strafgerichts, war; wie der Rückschlag von der päpstlichen Aufführung auf die Auffassung des Göttlichen unvermeidlich war. Und dann, meine Herren, werden Sie sich nicht mehr wundern, wenn die Schilderung des Göttlichen im »Liebeskonzil« so ausgefallen ist, wie es tatsächlich der Fall war. Obwohl ich zugeben will, daß die Farben stark aufgetragen sind. – Nun werden Sie mir, meine Herren, vielleicht entgegnen:

Die Darstellung des Erhabenen im Göttlichen ist eben erlaubt, die Darstellung des Komischen im Göttlichen verboten. Das geb' ich zu. Aber Sie, meine Herren, werden mir andrerseits zugeben, daß das kein Standpunkt für einen Künstler ist. Wenn dieser Standpunkt stets eingehalten worden wäre, dann wäre überhaupt nie eine Satire geschrieben worden. Weder auf Götter noch auf Menschen. Denn die Satiren auf Menschen wurden meist noch viel empfindlicher bestraft als die auf Götter. Die »Göttergespräche« des Lucian wären dann ebensowenig geschrieben worden wie die Lustspiele des Aristophanes. Der Engländer Wright hätte dann seine »Geschichte der Karikatur« so wenig abfassen können wie der Deutsche Flögel seine »Geschichte des Groteskkomischen«. Nun ist aber die Satire und die vis comica stets eines der mächtigsten Förderungsmittel auf geistigem Gebiet gewesen. Ich erinnere Sie nur an den weittragenden Einfluß Rabelais' in Frankreich im Zeitalter der Reformation, dessen witzige Allüren geradezu den heutigen geistigen Charakter der Franzosen vorgebildet haben und dessen unglaublich rücksichtslose Angriffe auf das Göttliche sogar mit königlichem Privileg gedruckt wurden. Oder an die kühnen Angriffe der deutschen Satiriker zur Zeit Fischarts und Reuchlins. – Sie werden mir vielleicht weiter entgegnen, meine Herren: Jeder Künstler muß eben in seinem Land die Konsequenzen der Gesetze hinsichtlich seines künstlerischen Schaffens tragen. Gewiß, meine Herren, deswegen bin ich ja hier vor Ihnen erschienen. Aber Sie, meine Herren, werden mir vielleicht zugeben, daß die Satire eine in der menschlichen Natur begründete Anlage ist und nicht ausgemerzt werden kann.

Meine Herren! Unsere heutige Zeit ist der Darstellung des Erhabenen im Göttlichen nicht günstig. Kein Mensch malt heute mehr z.B. so kolossale religiöse Bilder wie Heß und Cornelius. Unsere Zeit ist mehr der Skepsis und der Kritik zugewandt. Viele Leute möchten darin einen Rückschritt erkennen. Aber das war früher nicht anders. Die christliche Religion hat wiederholt Zeiten der äußersten Skepsis und des tiefsten Unglaubens durchgemacht. Und besonders dann, wenn von kirchlicher Seite die übertriebensten Ansprüche an die Herzen und Geldbeutel der Menschen gestellt wurden, regte sich in den Reihen der Gebildeten der Widerspruch und die Satire. Eine solche Zeit war z.B. im ersten Drittel des achtzehnten Jahrhunderts in England zur Zeit der Gründung der Methodistengemeinden. Und der Künstler, der diese Zeit mit der rücksichtslosesten Satire verfolgte, war der englische Karikaturist William Hogarth. Ich zeige Ihnen hier einen seiner berühmtesten Kupferstiche, der unter dem Titel Credulity, superstition and fanaticism (Leichtgläubigkeit, Aberglaube und Fanatismus) erschien. Die Szene stellt das Innere einer Kirche dar. Es ist gerade Gottesdienst. Und während unten bei den Andächtigen – gleichsam, als wollte der Künstler die Gedanken der Menschen aus ihrem Innern heraustreten lassen – alle möglichen sinnlichen und wollüstigen Greuel und Anspielungen hin und her gehen, werden oben von der Kanzel herab die kirchlichen Gnadenmittel in der groteskesten Weise verhöhnt. Und doch sagt unser Lichtenberg in seinen berühmten Erklärungen der Hogarthschen Kupferstiche: »Herr Walpole sagt von diesem Blatt unseres großen Künstlers, daß es an tiefer und nützlicher Satyre das größte sey, was sein Griffel je hervorgebracht habe. Wenn auch dieses Lob etwas übertrieben seyn sollte, so scheint es doch, daß es unter allen Hogarthischen Blättern dasjenige ist, welches am ersten verdiente, unter jede Haustafel gestochen zu werden.

Der Anblick weckt Schauder und Entsetzen. Und doch ist hier alles wahr.«[5] Die verkleinerte Abbildung, welche ich Ihnen hier herumreiche und die einen vorzüglichen Abdruck darstellt, ist zufällig hier in München hergestellt und verlegt. – Meine Herren, es ist mir nicht bekannt, daß jemals ein Hogarthscher Kupferstich konfisziert worden wäre.

Aber, meine Herren, wie zahm sind immer noch die Engländer gegen unsere westlichen Nachbarn, die frivolen Franzosen, wenn es sich um religiöse Satiren handelt. Die Französische Revolution war wieder einer jener Zeitabschnitte, in dem sich der Hohn auf das Göttliche besonders hervorwagte. Eine lange Dauer des Freidenkertums war direkt vorhergegangen, und die Abneigung gegen Geistlichkeit und Christentum hatte sich in dem Vaterlande Voltaires während der Revolution geradezu bis zur Idiosynkrasie gegen alle geoffenbarte Religion gesteigert; gegen eine Religion, die nicht hatte verhindern können, daß das Volk auf der einen Seite tyrannisiert wurde, auf der anderen Seite vollständig verarmte. Damals entstand das Wort »Ecrasez l'infâme!« »L'infâme«, das war das Christentum. Der Ausdruck stammt übrigens von Friedrich dem Großen (aus seinem Briefwechsel mit Voltaire). Um jene Zeit, meine Herren, im Jahr 1799, erschien von einem der ersten Poeten Frankreichs, dem Voltaire den Namen des »französischen Tibull« beilegte, von Parny, eines der frivolsten Gedichte, die jemals geschrieben wurden: »La Guerre des dieux«, welches ungeheures Aufsehen in Frankreich machte und mit einem Sturm des Beifalls empfangen wurde. Es wurde erst dreißig Jahre nach seinem Erscheinen konfisziert, und zwar während der französischen Reaktionsperiode. Trotzdem wurde es bis zum heutigen Tage wiederholt aufgelegt und ist überall in Frankreich wie auch aus unseren besseren deutschen Buchläden zu beziehen. Gegen dieses Gedicht, meine Herren, muß sich »Das Liebeskonzil« wirklich verkriechen. Was an diesem Werk so frivol ist, ist der Umstand, daß man nirgends recht den Zweck einsieht, weshalb die göttlichen Personen so unglaublich lächerlich gemacht werden. Und hier, meine Herren, finde ich vor allem den Unterschied zwischen Parny und dem Buch, welches heute Ihrem ästhetischen Urteil unterbreitet wird. Ich glaube, im »Liebeskonzil« ist die künstlerische Behandlung durchaus im Stoff begründet, und die krasse Darstellung liegt im Problem selbst beschlossen. Denn die Lustseuche war etwas Fürchterliches im damaligen Italien. Und Gott hatte sie als Strafe geschickt, während der Stellvertreter Gottes der denkbar schlimmste Wüstling war, den die Weltgeschichte kennt. Bei Parny ist es rein äußerliche Gedankenarbeit, frivoler Übermut und gallische Witzelei. Gegen Parny, meine Herren, ich spreche es ruhig aus, darf ich mich noch moralisch gebärden. Die Götter des Olymp – um den Inhalt kurz anzudeuten – sitzen schmausend und guter Dinge beieinander, als Merkur, der Götterbote, hereinstürmt und meldet: es sei eben ein neues Göttergeschlecht im Anzuge. Großer Schrecken und Entrüstung. Man beratschlagt, was zu tun sei. Minerva, die Göttin der Klugheit, bemerkt, es sei doch wahrscheinlich, daß das alte Göttergeschlecht den Menschen täglich wertloser und überflüssiger erscheine. Sie fürchte sich vor Jesus. Darauf Jupiter:

(Meine Herren, ich muß hier um Entschuldigung bitten, wenn ich Ihnen einige sehr kräftige Stellen vorlese; aber es gehört das in den Rahmen des kleinen literarisch-historischen Vortrags, den ich Sie bitte mitanzuhören.)

> »...Fi donc! Ce pauvre diable,
> Fils d'un pigeon, nourri dans une étable
> Et mort en croix, serait dieu?...
> Le plaisant dieu!...«

Nun wird Merkur nochmals fortgeschickt, um nachzusehen, wie sich die Sache verhalte. Er kehrt auch bald zurück und meldet: Ja, in der Tat, was da im Begriff sei, in den Himmel heraufzusteigen, seien wirklich Götter. Aufs neue Wut und Verzweiflung. Während aber die andern die verschiedenartigsten Vorschläge machen, man solle den neuen Göttern entgegengehen und sie zum Himmel hinauswerfen u.a., macht Jupiter gute Miene zum bösen Spiel, schickt ihnen einen Boten entgegen und lädt sie – echt französisch – zum Diner ein. Nun kommen die christlichen Gottheiten mit ihrem Gefolge von Heiligen allmählich heran und speisen bei den olympischen Göttern. Die Dreieinigkeit wird symbolisiert durch einen gebrechlichen Alten, der ein Bäh-Lämmchen auf dem Schoß, einen Tauber auf der Schulter hat. Das Bäh-Lämmchen schreit, der Tauber gurrt, und der Alte will eine Rede halten; er bringt aber nichts heraus, lacht verlegen und setzt sich endlich zu Tisch!

>>Une heure après les conviés arrivent.
Etaient-ils trois, ou bien n'étaient-ils qu'un?
Trois en un seul; vous comprenez, j'espère?
Figurez-vous un vénérable père,
Au front serein, à l'air un peu commun,
Ni beau ni laid, assez vert pour son âge,
Et bien assis sur le dos d'un nuage.
Blanche est sa barbe; un cercle radieux
S'arrondissait sur sa tête penchée:
Un taffetas de la couleur des cieux
Formait sa robe: à l'épaule attachée,
Elle descend en plis nombreux et longs,
Et flotte encore par-delà ses talons.
De son bras droit à son bras gauche vole
Certain pigeon coiffé d'une auréole,
Qui de sa plume étalant la blancheur,
Se rengorgeait de l'air d'un orateur.
Sur ses genoux un bel agneau repose,
Qui bien lavé, bien frais, bien délicat,
Portant au cou ruban couleur de rose,
De l'auréole emprunte aussi l'éclat.
Ainsi parut le triple personnage.
En rougissant la Vierge le suivait,
Et sur les dieux accourus au passage
Son oeil modeste à peine se levait.
D'anges, de saints, une brillante escorte
Ferme la marche, et s'arrête à la porte.
L'Olympien à ses hôtes nouveaux
De compliment adresse quelques mots
Froids et polis. Le vénérable Sire
Veut riposter, ne trouve rien à dire,
S'incline, rit, et se place au banquet.
L'agneau bêla d'une façon gentille.
Mais le pigeon, l'esprit de la famille,
Ouvre le bec, et son divin fausset
A ces payens psalmodie un cantique
Allégorique, hébraïque et mystique.
Tandis qu'il parle, avec étonnement
On se regarde; un murmure équivoque,
Un rire malin que chaque mot provoque,
Mal étouffé circule sourdement.
Le Saint-Esprit, qui pourtant n'est pas bête,
Rougit, se trouble, et tout court il s'arrête.
De longs 'bravo', des battements de main,
Au même instant ébranlèrent la salle.<<

Im Gefolge der Dreieinigkeit kommen Engel, Heilige, Märtyrer, auch die Jungfrau Maria. Die Göttinnen des Olymp finden sie langweilig, linkisch, schlecht frisiert, ohne Schick:

>>Fi donc! elle est sans grâce et sans tournure;
Quel air commun! Quelle sotte coiffure!<< –

Die männlichen Bewohner des Olymp finden sie, obwohl eine Bauernschönheit, doch reizvoll genug, um eine Eroberung nicht wertlos erscheinen zu lassen. Sie zählen ihre körperlichen Vorzüge auf in einer Weise, die ich selbst im Französischen hier nicht wiedergeben möchte. Im Laufe des ersten Gesanges und nach Schluß des Diners betrachten sich die neuen Gottheiten die Einrichtung des Olymp. Maria gerät in das Ankleidezimmer der Venus. Sie widersteht in ihrer Neugierde nicht, sich mit einem der dort befindlichen kostbaren Gewänder zu schmücken. In diesem Augenblick kommt Apollo herein, fühlt sich beim Anblick der verführerisch Gekleideten entzündet, und sie unterliegt den stürmischen Zumutungen des Gottes der Musen. Ich glaube, meine Herren, Sie verzichten darauf, den Inhalt der übrigen neun Gesänge zu vernehmen, und haben schon erkannt, daß wir hier vor einer der frivolsten Leistungen der französischen Dichtkunst stehen. Sie bestätigt übrigens das, was ich oben sagte: daß der Dichter bei Darstellung übersinnlicher Dinge auf die Farben und Formen seiner Erfahrung angewiesen ist. Ob man das Erhabene oder Lächerliche im Göttlichen darstellt, das Gewand ist immer dem Irdischen entlehnt. Und bei Parny sprechen und bewegen sich eben die christlichen Gottheiten im Stil des französischen Salons vom Ende des vorigen Jahrhunderts.

Sie werden vielleicht sagen, meine Herren: Dieser Verfasser des »Liebeskonzils« stellt sich da her und spielt noch den Moralischen; er entschuldigt sich, wenn er einige vielleicht noch saftigere Brocken aus dem Gedicht eines französischen Autors vorträgt? Nein! Meine Herren, ich unterscheide hier mit ruhigem Gewissen zwischen der französischen Leistung und meinem eigenen Werke. Ich habe die christlichen Götter herabgewürdigt und habe sie mit voller Absichtlichkeit herabgewürdigt, weil ich sie im Spiegel des fünfzehnten Jahrhunderts sah; weil ich sie durch das Papstglas Alexanders VI. anschaute. Unsere Vorstellungen, meine Herren, über das Göttliche sind ja in unserem Denken beschlossen. Was da droben über uns in Wirklichkeit vor sich geht, das wissen Sie ja so wenig wie ich. Sind unsere Vorstellungen über das Göttliche erhaben, so sind sie eben in unserem Denken erhaben; und sind sie lächerlich, so sind sie in unserem Denken lächerlich. Kommt nun jemand, wie so ein liederlicher Papst, und ändert unsere Vorstellungen über das Göttliche aus erhabenen zu lächerlichen um, so ist das ein Prozeß, der in unserem Denken vor sich geht und hat mit dem, was wirklich über uns im Raume besteht, mit dem Transzendentalen, nichts zu tun. Wenn ich das Göttliche angriff, so griff ich damit nicht jenen überirdischen Funken an, der im Herzen eines jeden Menschen schlummert, sondern ich griff das Göttliche an, das in den Händen Alexanders VI. eine Fratze geworden war.

Nun, meine Herren, um an den französischen Autor anzuknüpfen, vielleicht werden Sie mir entgegnen: Aber in Deutschland, da sind solche groteske Darstellungen des Göttlichen nicht vorgekommen. Nur die leichtfertigen Franzosen und rücksichtslosen Engländer haben in so barbarischer Weise dem Göttlichen zugesetzt. Auf die Gefahr hin, Sie noch um einige Minuten aufzuhalten, muß ich Ihnen doch eine Probe aus den Schriften des schwäbischen Volksdichters Sebastian Sailer (1714-1777) vorführen, besonders aus seinem humoristischen Drama »Der Fall Luzifers«, welches Goethe so höchlich entzückte. Hier kommen wir nun in eine ganz andere Sphäre, in die Sphäre schwäbischer Dialektdichtung; aber Sie werden sehen, die Couleur ist dieselbe. Der erste Aufzug beginnt mit einem Engelchor:

»Danza, schpringa,
pfeiffa, singa,
seand im Himmel alte Ding;
bei Schalmeia
Juhui schreia,
daß oim schier der Sack verschpring.
Hupfa, danza,
d'Läus und d'Wanza
über d'Schträhla schüttla ra,
Schträhl und Kämpel
naus zum Tempel
wenn mar schreiet Hopsasa.«

Der Gang des Stückes ist der: es handelt sich darum, den unbotmäßigen Gesellen, Luzifer, einzufangen und ihn vor den Richterstuhl Gottes zu bringen. Es gelingt auch endlich. Man erwischt ihn auf einem Ort, den man in anständiger Gesellschaft nicht nennt. Erzengel Michael schiebt den Riegel vor, und Luzifer ist gefangen. Der Hanswurst hatte dabei geholfen. Beide eilen zu Gott Vater und melden die Neuigkeit.

MICHAEL:
»Luschtig, Gott Vater! Ebbas Nuis!
verschreaket itt, wenn ich mein Buffer aschuiß.
Luzifer ischt g'fanga.
Ich will nun gaun saga, wia's ischt ganga.«
Sie erzählen es ihm nun, und Gott Vater belohnt sie mit einem Glas Wein.
GOTT VATER:

»Michel! gang in Kealler;
doa hoascht Rheinwein, Muschkateller,
Mosler, Neckarwein, Burgunder
in di Flascha, ganze Plunder;
Velteliner und Tiroler
seand au guate Magasohler
wemma schpeit,
oder wenn dar Mag verheit.
Sag nun, was witt saufa?«

Der dargebotene Wein ist aber so sauer, daß ihn weder Sankt Michael noch der Hanswurst zu genießen vermögen. Sie beschließen, daß ihn Luzifer als Strafe für seine vielen Schandtaten trinken solle. Gott Vater wird um seine Zustimmung gefragt.

GOTT VATER:
»Meinethalba, will's probira;
laßa g'schwind zua mar rein führa.
Hanswurscht! gang naus, suscht muaß ih lacha;
ih muaß gaun eanschtliche G'sichter macha.«
Luzifer wird nun hereingefünrt.
LUZIFER:

»Bardaun, Gott Vater, Bardaun!
Gealtat, ar kennat mich schaun?«
GOTT VATER:

»Wohl redle kenn dich,
aber jetz b'sinn dich.
Was hoascht ang'fanga?
Wia weit bischt ganga?«
LUZIFER:

»Bardaun, Gott Vater, Bardaun!«
GOTT VATER:

»Halt's Maul! I kenn dich schaun.
Sankt Michel hoat mer eaba gean an guata Roath,
daß da g'wis kommst in di graischt Noath.
Gugg dötta as seall Glas Wein,
vom Sai (See) ischt as. Jetz glei trinks nein!

Noah laß ih für äll deine G'schpana
an frischa raus lauffa ußam Hana,
daß ar wearat krumm und lahm uf älla Viera,
oder müeßet gar wia d'Hund krebbieara.«
Aber Luzifer bedankt sich für diesen Wein. Er wisse, wo es einen besseren Tropfen
zu holen gebe.
LUZIFER:

»Botz dausat Sakerment, und älle sieba Elament!
Dar Duifel holl s'Michels sei G'schmoiß,
dös wainsch ih, so wahr ih Luzifer hoiß.«
Nun befiehlt Gott Vater, den stänkernden Teufel in die Hölle zu stürzen.
MICHAEL:

»Maarsch, du Höllenhund, Maarsch!«
LUZIFER:

»Leackat mar mitanand im Aarsch!«
Der Teufel ab! Die zurückbleibenden Engel stimmen einen Lobgesang zur Ehre
Gottes an.

Sie sehen, meine Herrn, ganz anders wirkt dies Bild auf uns ein. Gegen die fein parfümierte
Kost des Parny sind das echte deutsche, schwäbische Runkelrüben. Aber charakteristisch: ob
deutsch, ob französisch, ob englisch – kein Volk läßt sich zu Zeiten die Gelegenheit entgehen,
die eigene Religion ins Lächerliche zu ziehen. Und jedes nimmt Figuren und Farben aus seiner nächsten Umgebung. So sicher die »Messiade« von Klopstock geschrieben wird, so sicher
taucht aus dem Volksleben eine solche Offenbachiade der himmlischen Vorgänge auf, die das
Zwerchfell erleichtert. Und was die Wasserspeier und fratzenhaften Tiergestalten an unseren
Kirchenportalen, das sind die Satiren und komischen Epen auf religiösem Gebiet.

Wer war nun dieser Sebastian Sailer? Vielleicht irgendein herumziehender Bänkelsänger, der
gegen ein paar Brocken guter Mittagskost oder einen Trunk Wein seine gewagten Witze losließ?
Oder ein sogenannter »Moderner« des XVIII. Jahrhunderts, der durch seine allzu kühne literari-
sche Produktion sich einen Namen zu machen hoffte? Nichts von alledem. Es war der berühmte
Kanzelredner und Kapitular im Prämonstratenserkloster zu Obermarchthal im Schwäbischen.
Sein Ruf als Prediger war so verbreitet, daß er, nach der Sitte der damaligen Zeit, in allen
deutschen Gauen die Kanzel bestieg, bis nach Franken und Mähren kam und in Wien vor der
Kaiserin predigte. Er erhielt den Beinamen »der schwäbische Cicero«. Allerdings wurde er wegen seiner Stücke vielfach angegriffen und sogar die geistliche Behörde gegen ihn in Bewegung
gesetzt. Aber sein Vorgesetzter, der Bischof von Konstanz, Kardinal von Rodt, ging gelegentlich einer Inspektionsreise selbst nach Obermarchthal, ließ sich eines seiner Stücke vorspielen
und zeichnete dasselbe nicht nur durch seinen Beifall aus, sondern erklärte auch die Urteile
der Gegner für schief und unklug. In der Folge wurden Sailers Schriften vielfach aufgelegt und
gelangten im Württembergischen, ähnlich wie »Der Vetter aus Schwaben«, geradezu zu dem
Rang eines allbeliebten Volksbuches. Meine Ausgabe, die ich hier habe, ist sogar von der Hand
des bekannten Hebel-Illustrators Nisle mit Zeichnungen geschmückt. Und in der Szene, die
ich Ihnen vorgeführt habe, erblicken Sie hier den Luzifer in der Tracht eines schwäbischen
Dorfschulzen mit Stulpenstiefeln, großen Silberknöpfen und mächtigen, hinten am Rücken
zusammengebundenen Flügeln, Michael mit großem Raupenhelm auf dem Kopf, in der Uni-
form eines Napoleonschen Grenadiers. Gott Vater im Lehnstuhl mit geblümtem Schlafrock,
die nackten Füße in losen Schlappen, am Kopf eine Schlafhaube mit Sternenkranz. Hinten im
Fauteuil ist das sogenannte »Auge Gottes«, das bekannte Symbol der Dreieinigkeit, eingelassen.
Neben dem Fauteuil ein Spucknapf.

Sie sehen, meine Herren, Humor und Satire sind zwei Dinge in der menschlichen Natur, die nicht ausgerottet werden können, und sie haben auch auf religiösem Gebiet ebenso ihre Berechtigung wie Erhebung und Begeisterung.

Und glauben Sie, daß gerade heute die Zeiten danach angetan sind, um nach dieser Richtung eine strengere Zensur eintreten zu lassen? Meine Herren, es ist jetzt ein halbes Jahrhundert, daß von David Friedrich Strauß das »Leben Jesu« erschienen ist. Sie alle wissen, wie dieses Buch, das in die Kreise aller Gebildeten gedrungen ist, sozusagen der Ausgangspunkt einer religiösen Skepsis in Deutschland geworden ist. Und aus heutiger Zeit brauche ich Ihnen bloß den Namen Harnack zu nennen, dessen Schrift »Das apostolische Glaubensbekenntnis«, in der er die Lehre von der übernatürlichen Geburt Christi als unhistorisch zurückweist, in einem halben Hundert von Auflagen durch alle Kreise verbreitet ist. Wenn ich auch, meine Herren, hier vielleicht vorzugsweise vor einem Kreis von Katholiken spreche, so werden Sie mir als Protestanten doch gestatten, diejenigen Momente hier anzuführen, welche meine Handlung in etwas anderem Lichte erscheinen lassen, als sie vielleicht in den Augen eines Katholiken erscheinen dürfte. Sie wissen alle so gut wie ich, daß es im Deutschen Reich heute Dutzende von protestantischen Pfarrern gibt, die suspendiert sind, weil sie es mit ihrem Gewissen nicht vereinigen können, die Taufformel so zu sprechen, wie sie aus früherer Zeit überliefert ist und laut welcher Christus auf übernatürlichem Wege entstanden gedacht ist. Und Hunderte anderer Pastoren pochen an die Türen der Synoden und bitten um Abhilfe und Konzessionen an unsere glaubensarme Generation. Glauben Sie, meine Herren, daß eine solche Zeit geeignet ist, um religiöse Satire, wie sie früher auch geschrieben wurde, gerade heute vor den Richterstuhl zu zitieren?

Meine Herren, ich appelliere aber auch an Ihre freiheitlichen Empfindungen im Hinblick auf das Land, in dem das Buch erschienen ist. Das Buch ist gar nicht in Deutschland erschienen. Es ist in der Schweiz erschienen. Es hat jeder deutsche Autor einmal etwas auf dem Herzen, was er nicht in Deutschland drucken lassen kann, und er geht dann ins Ausland. Die englischen Chirurgen, die eine Vivisektion machen wollen, gehen nach Frankreich, weil die Vivisektion in England verboten ist, und kehren nach geschehener Arbeit in ihr Vaterland zurück. Es fällt aber keinem englischen Gericht ein, sie deshalb zu verfolgen. Denn es handelt sich um eine im Ausland begangene, dort straflose Handlung. Wenn Sie nun ein Buch, das im Ausland gedruckt ist, weil es im Inland mit den Gesetzen in Konflikt geraten könnte, so behandeln, als wäre es im Inland gedruckt, so kehren Sie damit die Intention des Verfassers in ihr Gegenteil um und schädigen ihn in einem Punkt, in dem er gar nicht in der Lage war, sich zu schützen, d.h. Sie fügen ihm eine Ungerechtigkeit zu. Ich appelliere, meine Herren, in dieser Richtung an das natürliche, Ihnen innewohnende Gerechtigkeitsgefühl und bitte um Freisprechung.

Aus dem Sachverständigengutachten des Dr. Michael Georg Conrad

Hoher Gerichtshof! Man hat mir die Frage vorgelegt, ob ich das Buch »Liebeskonzil« für ein Kunstwerk oder eine gotteslästerliche tendenziöse Schrift halte.

Ich halte es für ein Kunstwerk, schon aus dem nächsten und einleuchtendsten Grunde, weil es von einem Künstler herrührt und in einer der strengsten poetischen Formen, der dramatischen, abgefaßt ist. Diese dramatische Form, auf ein Buch angewendet, das wohl nie zur Bühnenaufführung gelangt, also ausschließlich zum Lesen bestimmt ist, gilt in den Kreisen der Verständigen zugleich als die unpopulärste, unvolkstümlichste Form, was schon dadurch erhärtet wird, daß von allen schöngeistigen Werken in der deutschen Lesewelt keins weniger Anklang und Käufer findet als das Buchdrama, wie Ihnen, meine Herren, jeder Buchhändler bestätigen wird. Es ist auch vorhin durch die buchhändlerische Zeugenaussage festgestellt worden, daß das Panizzasche Buch »Liebeskonzil« so gut wie keinen Absatz gefunden hat. Denn ein oder anderthalb Dutzend Käufer stellen keinen Absatz dar. Wer aber eine wirksame tendenziöse Schrift schreiben und verbreiten wollte, wird sicher keine Form wählen, die im vorhinein die Verbreitung beschränkt, ja, bei dem heutigen Geschmack unseres gebildeten Publikums, die Verbreitung nahezu vollständig ausschließt. Ich bin überzeugt, daß die Herren, die berufen sind, hier als Geschworene über das angeklagte Buch zu urteilen, dasselbe bis zu dieser Stunde noch gar nicht zu Gesicht bekommen hatten und erst aus der Anklage von seinem Vorhandensein erfuhren. Nicht einmal aus der Tagespresse war etwas darüber zu erfahren, denn die wenigen Besprechungen, die bis jetzt über das »Liebeskonzil« in den vier oder fünf Monaten seit seinem Erscheinen veröffentlicht worden sind, standen ausschließlich in wenig verbreiteten literarischen Fachzeitschriften.

Das angeklagte Buch ist aber nach meiner Schätzung nicht bloß seiner Form, sondern ganz wesentlich seinem Inhalt und der Technik seines Vortrages nach ein Kunstwerk, bei dem der Gedanke an eine einseitige Tendenz vollständig in den Hintergrund tritt, wenigstens bei wirklichen gebildeten Kunstliebhabern. Der Dichter hat in seinem Werke sich jener Kunstmittel bedient und jener besonderen technischen Weisen, die wir heute als die verfeinertsten und zugleich radikalsten »modernen« zu bezeichnen gewohnt sind. Mit diesen Mitteln wird eine Eindringlichkeit und Anschaulichkeit erzielt ganz unvergleichlicher Art. Zugleich aber auch ergibt sich aus dieser Kunstweise eine Lebenswahrheit von so intensiver Wirkung oder, mit einem geläufigen Schlagwort ausgedrückt, ein so unerbittlicher Naturalismus, daß der gewöhnliche, unvorbereitete Leser, der in himmelblauen Idealismen und wonnigen Phantastereien zu schwelgen liebt, mit dem Panizzaschen Drama »Liebeskonzil« nichts anzufangen wissen wird. Hier will ich gleich aussprechen, daß nach meiner persönlichen Empfindung in der Kunstweise Panizzas zuweilen ein Element sich bemerkbar zu machen scheint, das ans Perverse, Krankhafte streift. Daraus erkläre ich mir das Barocke, Geschmacklose, Derb-Groteske, womit namentlich der erste Akt dieses Dramas reich durchsetzt ist. Ich bin aber nicht in der Lage, diese mir persönlich widerlichen Geschmacklosigkeiten als angebliche Gotteslästerungen zu empfinden. Denn wenn die Geschmacklosigkeiten, die sich auf religiöse Vorstellungen und Figuren beziehen, immer gleich Gotteslästerungen wären, so müßte die volkstümliche kirchliche Kunst, namentlich in katholischen und besonders in romanischen Ländern, von Gotteslästerungen wimmeln. Was für Scheußlichkeiten habe ich nicht schon in den zahllosen Höllen- und Fegefeuerbildern, in den Kreuzigungsdarstellungen usw. gesehen, womit man in katholischen Ortschaften die Wände der Kirchen und Friedhöfe in frommer Naivität schmückt. Nicht zu reden von den Heilanden am Kreuz, denen man in Italien und Spanien echtes Menschenhaar auf den Kopf klebt oder deren Wundmale man mit echtem Blut hingeschmiert hat. Und in der Auswahl der Physiognomien waren diese Heiligenmaler und Herrgottsschnitzer auch nicht peinlich, denn die erste beste konfiszierte, polizeiwidrig häßliche Visage war ihnen für ihren Herrgott oder ihren Christus gut genug. Hat man jemals eine Gotteslästerung darin erblickt? Oder eine Herabwürdigung der Jungfrau Maria darin, daß man sie in den Kirchen von Rom oder Neapel wie eine eitle Modepuppe kleidet, Finger und Ohren mit Ringen, die Arme mit Brasseletten schmückt? Neben den Madonnen von Raffael gibt es bekanntlich auch ganz andere, die an Heiligkeit alles zu wünschen übrig lassen. Aber es ist noch keinem guten Katholiken eingefallen, daran Anstoß zu nehmen. Wenn gar noch einem Christusbild das Haar oder der Bart wächst, so ist ihm das kein gotteslästerlicher Skandal oder Humbug, sondern ein erstaunliches Wunder.

»Gott ist Geist«, lehrt die Bibel. Wird dieser Geist vermenschlicht und verpersönlicht, so wird sich in diesem Bilde immer der jeweilige Geschmack der Menschen aussprechen. »In seinen Göttern malt sich der Mensch.« Es gibt keinen Lehrsatz der Kirche, der vorschreibt, so und so hat man sich Gott, oder Jesus, oder Maria, oder den Teufel vorzustellen, mit einem solchen Kopf, solchen Augen, solcher Körperbeschaffenheit, solcher Haarfarbe, solchem Ausdruck usw. Hier herrscht absolute Wahlfreiheit. Die Bibelausleger beziehen eine Stelle im Alten Testament auf Christus, da heißt es: »Er hatte weder Gestalt noch Schönheit.« Also ist es bibelgemäß, sich Christus häßlich vorzustellen. Wer will nun die Grenze ziehen und sagen, hier ist erlaubte Vermenschlichung, dort beginnt die Gotteslästerung? Ganz streng genommen, müßte, da Gott nach der Bibellehre »Geist« ist, jede Verbildlichung verpönt werden. Aber von dieser sublimen Auffassung ist niemand weiter entfernt als die Kirche und ihre Vertreter selbst. Somit kann die Kirche, und wer sonst kirchliche oder religiöse Interessen vertritt, niemand verwehren, sich Gott jung oder alt, robust oder gebrechlich usw. vorzustellen.

In der Vision des Dichters gewinnt der traditionelle Himmel, und was darin vorgeht, eine Gestalt, die sich also recht eigentlich jeder Diskussion entzieht. Der Dichter hat es so gesehen, wie er's sehen mußte, aus einem künstlerischen Zwang seiner schöpferischen Phantasie heraus, und damit Punktum. Man kann seine Vision annehmen oder ablehnen, aber man kann sie nicht polizeilich abwandeln, man kann sie nicht strafen. Das Forum, vor dem sich Dichter und Künstler einzig zu verantworten haben, ist die ästhetische Kritik. Die Frage kann nicht auf theologischen, sondern allein auf künstlerischen Wert oder Unwert gerichtet sein. Und die Frage so gestellt, hat Panizza mit seinem »Liebeskonzil« eines der stärksten und bedeutendsten Kunstwerke der modernen Dramenliteratur geschaffen, ja, an der Schwierigkeit des Themas gemessen, vielleicht das allerbedeutendste der letzten Jahre. Als Arzt, Naturforscher, Seelenkundiger und satirischer Dichter hat Panizza einen Stoff angepackt, dem vielleicht kein zweiter unserer modernen Schriftsteller und sicher keiner unserer älteren Herren vom poetischen Fach sich gewachsen gefühlt hätte, und mit genialer Kühnheit, mit verblüffender Energie und Folgerichtigkeit hat er ihn gestaltet. Und da der Stoff seines »Liebeskonzils« ein historischer ist, so hat er ihn mit der ganzen kritischen Ehrfurchtslosigkeit und unerbittlichen Schärfe behandelt, welche ein Hauptkennzeichen moderner Geschichtsauffassung ist. Wie der moderne Historiker, so steht auch der moderne Dramatiker jenseits aller Wehleidigkeit, jenseits aller unmännlichen Rücksichtnehmerei auf die Sentimentalitäten und Duseleien der großen Masse. Und diese im Sinne der Wissenschaft und Kunst allein richtige und unanfechtbare Stellung des Historikers und Dichters wird von gewissen Leuten natürlich als Brutalität und Roheit empfunden, sobald ein ihnen als traditionell geheiligt geltender Stoff ins Spiel kommt, wie im »Liebeskonzil« der christliche Himmel und das römische Papsttum zur Zeit, da ein Ausbund aller Laster und Verbrechen auf dem Stuhle Petri saß, der Kirchenstaat und seine Nachbarländer der Schauplatz zügellosester Ausschweifung waren und die mörderische Lustseuche zum Ausbruch kam.

Und das ist nun das Problem, das sich Panizza, nach meiner Auffassung, in seinem »Liebeskonzil« zum Vorwurfe nahm:

Wie ist in einem großen Zeitbilde auf historisch treuer Grundlage mit Verwertung des volkstümlichen Götter- und Teufelsglaubens der Eintritt der Lustseuche in die europäische Kulturwelt (historisch beglaubigtes Datum Frühling 1495) phantastisch anschaulich zu machen und aus dem Geiste jener Zeit heraus zu erklären? Und wie jeder echte, große Dichter hat Panizza dies in einer Vision in eins gesehen, in einem fabelhaften Zusammenwirken von Erde, Himmel und Hölle, im Sinne der mittelalterlich-papistischen Weltanschauung, und mit den überlegenen Mitteln moderner Dramen-Technik hat er diese Vision gestaltet. Die Modernität des Ausdrucksmittels allein schon mußte bewirken, daß die Szenen im Himmel einen starken Stich ins Satirische bekamen, und der echt deutsche, unrömische und papistische Geist des gelehrten, kritik- und schaffensgewaltigen Dichters führte absichtslos, rein unbewußt dahin, daß die Szenen im Vatikan mit einer zerschmetternden Wucht gearbeitet sind. Einzelnes, wie die Schilderung der dämonischen Erzeugung der Trägerin der Lustseuche, ist von überwältigender Größe, und selbst im Episodischen stoßen wir auf Züge, wie wir sie nur in den genialsten Dichtwerken anzutreffen gewohnt sind.

Die Personen im Himmel sind dabei nicht zum Besten weggekommen. Allein wenn die irdische Stellvertretung der Dreifaltigkeit im Vatikan eine notorisch so scheußliche ist, wie unter dem Papst Alexander VI., so muß das auf die Schätzung des Himmels zurückwirken. Wie der Knecht, so der Herr. Ein Scheusal, wie der Gottesvertreter Borgia, verträgt keinen reinen, majestätischen Himmel, und umgekehrt. Aber ist das die Schuld des Dichters? Ist der Dichter straffällig, wenn er psychologisch und historisch logisch und ehrlich ist?

Summa: Panizzas »Liebeskonzil« ist ein Kunstwerk, und es wäre Herabwürdigung, in ihm eine tendenziöse Lästerschrift erblicken zu wollen. Wenn aber außerhalb der Kunstabsicht des Verfassers doch noch eine besondere moralische Tendenz festgestellt werden soll, so könnte dieselbe objektiv nur mit dem Hinweis auf das Widmungsblatt des Buches begründet werden: »Dem Andenken Huttens.« Hutten, der herrliche deutsche Fackelschwinger und Geistesstreiter, der ritterliche Vorkämpfer jener Helden, die uns das glänzende Zeitalter der Reformation schufen, er erlag dem tragischen Geschicke, als eines der ersten Opfer jener furchtbaren, geheimnisvollen Krankheit aus dem Welschlande zu fallen. Wenn ein freier Deutscher und moderner Dichter dem Andenken seines Landsmannes und Geistesverwandten Ulrich von Hutten eine würdige Weihegabe spenden will, so tut er's nicht in rührseligen oder didaktischen Versen, sondern in einem dramatischen Kunstwerk von so geistesgewaltiger und seelenbefreiender Kraft, daß alle davon erschüttert werden, die auf der Menschheit Höhen wandeln, und daß selbst der Stellvertreter Gottes auf Erden einen Ruck davon verspürt. Und das »Liebeskonzil« von Panizza ist eine solche würdige Weihegabe, denn es ist, wie ich mich nachzuweisen bemüht habe, trotz einzelner ästhetischer Makel, ein echtes, deutsches, modernes Kunstwerk.

Das Urteil des königlichen Landgerichts München 1

Nachdem der Präsident des Schwurgerichts im Laufe der Verhandlung darauf aufmerksam gemacht hatte, daß, für den Fall der Angeschuldigte der Verbreitung des Buches in Deutschland nicht schuldig zu erachten sei, die ganze Anklage wegen Gotteslästerung von selbst wegfalle, da es sich dann um ein im Ausland begangenes, dort strafloses und nach § 4, Z. 3 des deutschen Reichsstrafgesetzbuches auch im Inland nicht verfolgbares Vergehen handle, stellte der Verteidiger, Herr Dr. Kugelmann, den Antrag, den Geschworenen die Nebenfrage vorzulegen, ob der Verfasser der Verbreitung des Buches in Deutschland schuldig sei. Dieser Antrag, dem sich der Staatsanwalt, Freiherr von Sartor, widersetzte, wurde vom Gerichtshof abgelehnt mit der Motivierung: die Nebenfrage, oder Vorfrage, nach der Schuld des Angeklagten hinsichtlich Verbreitung des Buches in Deutschland werden in der Hauptfrage, ob schuldig der Gotteslästerung, enthalten sein. Die dann an die Geschworenen gerichtete Frage lautete:

Ist der Angeklagte Dr. Oskar Panizza schuldig, in der von ihm im Frühjahr 1893 verfaßten, in Zürich bei dem Verlagsmagazin J. Schabelitz im Oktober 1894 herausgegebenen und sodann in München, Leipzig und an anderen Orten des deutschen Reiches zur Verbreitung gelangten Druckschrift 'Das Liebeskonzil, eine Himmelstragödie in fünf Aufzügen', dadurch, daß er öffentlich in beschimpfenden Äußerungen Gott lästerte, Ärgernis gegeben und öffentliche Einrichtungen und Gebräuche der christlichen Kirche, insbesondere der katholischen Kirche, beschimpft zu haben?

Wortlaut des Urteils

Im Namen Seiner Majestät des Königs von Bayern erkennt das Schwurgericht bei dem k. Landgerichte München 1 in Sachen gegen den Schriftsteller Dr. Oskar Panizza von Kissingen wegen Vergehens wider die Religion, verübt durch die Presse, zu Recht:

1. Dr. Oskar Panizza wird wegen eines Vergehens wider die Religion, verübt durch die Presse, in eine Gefängnisstrafe von einem Jahre sowie zur Tragung der Kosten des Strafverfahrens und der Straf Vollstreckung verurteilt.

2. Die vorhandenen Exemplare der Druckschrift »Das Liebeskonzil« von Dr. Oskar Panizza sowie die zu ihrer Herstellung bestimmten Platten und Formen sind unbrauchbar zu machen.

3. Gegen den Angeklagten wird Haftbefehl erlassen.

Gründe

Das k. Landgericht München 1 hat unterm 20. März 1895 gegen den Schriftsteller Dr. Oskar Panizza von Kissingen wegen eines Vergehens wider die Religion, verübt durch die Presse, auf Eröffnung des Hauptverfahrens vor dem Schwurgerichte erkannt.

Infolgedessen kam die Sache heute zur öffentlichen Verhandlung.

Nach Begründung der Anklage durch den k. Staatsanwalt trugen der Rechtsanwalt Dr. Kugelmann und der Angeklagte die Verteidigung vor.

Den Geschworenen wurde die anliegende Frage zur Beantwortung vorgelegt.

Die Erklärung der Geschworenen lautete auf die gestellte Frage: Ja, mit mehr als 7 Stimmen.

Der k. Staatsanwalt stellte den Antrag auf Gefängnisstrafe von 1 Jahr 6 Monaten, Unbrauchbarmachung der vorhandenen Exemplare der Druckschrift, sowie der zu ihrer Herstellung bestimmten Platten und Formen, Erlassung eines Haftbefehls, Kostentragung.

Der Verteidiger beantragte eine Gefängnisstrafe von einem Monat.

Die richterliche Würdigung des erfolgten Schuldausspruches hat ergeben, daß nach § 166 R.St.G.B. §§ 2, 20, 21 Reichs-Preß-Gesetz vom 7. Mai 1874 die in der Frage bezeichnete Handlung als ein Vergehen wider die Religion, verübt durch die Presse, sich darstellt.

Die Strafe war in Gemäßheit der §§ 166, 16 des R.St.G.B. auszumessen und kam als straferschwerend in Betracht, daß der Inhalt des betreffenden Preßproduktes geeignet ist, die religiösen und sittlichen Gefühle Anderer auf das Tiefste zu verletzen, daß ferner die Auslassungen in der Schrift nicht mit schriftstellerischer Freiheit entschuldigt werden können, vielmehr diese in ungemessener Weise mißbraucht ist.

Als strafmindernd hingegen war zu berücksichtigen, daß bei dem abstoßenden Inhalte des Preßerzeugnisses dasselbe wohl bei Anständigen Zurückweisung und daher wenig Verbreitung gefunden haben wird.

Hienach erschien die oben ausgesprochene Strafe als entsprechend.

Nachdem mit Rücksicht auf die ausgesprochene Strafe und die persönlichen Verhältnisse des Angeklagten derselbe als fluchtverdächtig erscheint, war gegen denselben Haftbefehl zu erlassen. (§§ 112, 124 St. P.O.)

Nachdem der gesamte Inhalt des von dem Angeklagten verfaßten Preßproduktes strafbar ist, war nach § 41, Abs. 1 und 2 R.St.G.B. auszusprechen, daß alle Exemplare desselben sowie die zu seiner Herstellung bestimmten Platten und Formen unbrauchbar zu machen seien.

Als zur Strafe verurteilt, waren dem Angeklagten die Kosten des Strafverfahrens und der Straf Vollstreckung zu überbürden nach §§ 496, 497 St.P.O.

Alles in Anwendung der vorangeführten Gesetzesstellen.

Also geurteilt und verkündet in öffentlicher Sitzung des Schwurgerichts bei dem k. Landgerichte München 1, am 30. April 1895, nachmittags 7 Uhr, wobei zugegen waren: der k. Oberlandesgerichtsrat Quante, Vorsitzender, die k. Landgerichtsräte Freiherr von Dobeneck und Ziegler, Beisitzer, der k. II. Staatsanwalt Freiherr von Sartor, der k. Sekretär Pasquay als Gerichtsschreiber.

gez. Quante, Dobeneck, Ziegler

Fußnoten

1. Wäre es uns möglich, Christus mit rein-psichjatrischen Augen zu beobachten, und könnten wir von der jammervollen Verzukerungs- und Versüßungs-Arbeit absehen, die die Evangelisten in Anwendung des damals üblichen griechischen Biografen-Stils – etwa von der Gattung des Apollonius von Tyana – über ihn gebracht haben, wir würden ihn wahrscheinlich als »Mattoïden« erkennen, mit welch' nicht ganz glücklichem Ausdruck Lombroso jene Unterabteilung der Paranoïa (Verrücktheit) bezeichnet hat, aus der uns Menschen mit intakter, ja geschärfter Logik und Intellekt, ebenso intaktem Sensorium, tiefem, oft eigenartig entwickeltem Gemütsleben, daneben nun aber mit einer geradezu koloßal entwickelten Persönlichkeits-Empfindung entgegentreten, also Leute, wie wir sie heute etwa in Guttzeit, in Pudor, besonders aber in dem bekanten Maler Diefenbach wiedererkennen, und denen, da sie die Grenze von normaler Nüchternheit und gänzlichem Irrsinn innehalten, also sozusagen das denkbar größte Maas geistiger Originalität und genialer Umbiegung des Lebens in Freiheit vorführen, meist ein tiefgehender Einfluß auf ihre Zeitgenossen gesichert bleibt.

2. Die hier folgende Verteidigungsrede wurde nicht in allen Stücken und nicht stets wörtlich so gehalten, wie sie hier steht und wie sie vorher niedergeschrieben wurde. Die Art der Verhandlung, die vormittags auf das Verhör des Präsidenten, nachmittags auf die Rede des Staatsanwaltes antworten hieß, zwang auch die Verteidigung, ihre Argumente zu teilen. Und das Ganze am Schluß noch einmal im Zusammenhang vorzutragen, war angesichts der Haltung der Geschworenen eine aussichtslose Sache. So blieb die Stelle über Parny ganz weg. Anderes, Extemporiertes, wurde umgekehrt hier nicht später eingefügt. Aber dem Sinn nach und dem Wortlaut der meisten Erörterungen nach entspricht das im Schwurgerichtssaal Vorgebrachte der hier mitgeteilten Rede.

3. Ulrichen von Hutten, eins teutschen Ritters: »Von den Frantzosen und blatteren.« 1519. Huttens Schriften, herausgegeben von Böcking, Leipzig 1859-69. Bd. V, Seite 399-401.

4. Ich habe in der Szene, wo ich eine der üblichen Abend-Unterhaltungen des Papstes schilderte, nackte Jünglinge auftreten lassen, die vor dem Papst und seinen Damen Ringkämpfe ausführten, wobei der Sieger eine der anwesenden nackten Kurtisanen empfängt, mit der er hinter der Szene verschwindet. Aber der historische Bericht ist viel, viel schlimmer. Ich milderte die Szene, nicht mit Rücksicht auf die Päpste oder das Empfinden der Katholiken, sondern aus künstlerischer Rücksicht; weil ich immer das Theater vor Augen hatte, weil ich immer an die Möglichkeit einer Aufführung dachte; und weil die obige Szene unter gewissen Kautelen wenigstens in ihrer Aufführbarkeit denkbar wäre. Die wirkliche Szene, wie sie nach historischen Berichten überliefert ist, wäre auch in einem Buchdrama eine unmögliche Sache. Sie lautet nach dem Bericht des päpstlichen Zeremonienmeisters Burcard, der von den Depeschen der in Rom weilenden Gesandten bestätigt wird, folgendermaßen: »In sero (dominica, ultima mensis octobris, vigilia omnium sanctorum) – 31. Oktober 1501 – fecerunt cenam cum duce Valentinense in camera sua, in palatio apostolico, quinquaginta meretrices honeste, cortegiane nuncupate, que post cenam coreaverunt cum servitoribus et aliis ibidem existentibus, primo in vestibus suis; deinde nude. Post cenam posita fuerunt candelabra communia mense in candelis ardentibus per terram, et projecta ante candelabra per terram castanee quas meretrices ipse super manibus et pedibus, nude, candelabra pertranscentes, colligebant, Papa, duce et G. Lucretia, sorore sua presentibus et aspicientibus. Tandem exposita dona ultima, diploides de serico, paria caligarum, bireta et alia pro illis qui pluries dictas meretrices carnaliter agnoscerent; que fuerunt ibidem in aula

publice carnaliter tractate arbitrio presentium, dona distributa victoribus.« (Burchardi Diarium [1483-1506] ed. L. Thuasne. Tom III. p. 167. Paris 1885): »Am Abend (des 31. Oktobers, Vorabend von Allerheiligen) speisten fünfzig angesehene Huren, Kurtisanen genannt, beim Herzog von Valentinois (Cäsar Borgia, der Sohn des Papstes) in dessen Zimmer im päpstlichen Palast und tanzten nach der Mahlzeit mit der Dienerschaft und anderen dabei Anwesenden; erst in Kleidern, später nackt. Nach beendigter Mahlzeit wurden die brennenden Kandelaber der Tafel auf den Boden gestellt und Kastanien unter die Kandelaber geworfen, von wo sie die nackten Mädchen, zwischen den Leuchtern hindurchschlüpfend, mit Händen und Füßen haschten. Der Papst, der Herzog und seine Schwester Donna Lucrezia waren anwesend und sahen zu. Zuletzt wurden Preise ausgesetzt, seidene Anzüge, Fußbekleidungen, Kappen und dergleichen für jene, die am öftesten mit den genannten Mädchen sich fleischlich zu vermischen vermöchten. Diese wurden dann in der angegebenen Weise von den Zuschauern und nach dem Ermessen der Anwesenden geschlechtlich hergenommen und die Preise an die Sieger verteilt.« – Die Sache war durchaus etwas Gewöhnliches. Denn der venezianische Gesandte Giustiani berichtet unter dem 30. Dezember 1502 nach Hause: »Gestern speiste ich bei Seiner Heiligkeit im Palast und blieb bis zum frühen Morgen bei den Unterhaltungen, die die regelmäßigen Zerstreuungen des Papstes bilden und an denen Frauenzimmer teilnehmen, ohne die sich der Pontifex keine Feste denken kann. Jeden Abend läßt er Mädchen bei sich tanzen und gibt Feste ähnlicher Art, wobei Kurtisanen figurieren.« (Yriarte, Ch., Les Borgias. Paris 1889. Tom. II p. 40.)

5.   G.C. Lichtenbergs Erklärung der Hogarthischen Kupferstiche. Elfte Lieferung. Göttingen 1809. pag. 55.

www.ingramcontent.com/pod-product-compliance
Lightning Source LLC
LaVergne TN
LVHW021011200726
843506LV00012B/2278